人物叢書

新装版

一《いち》条《じょう》兼《かね》良《ら》

永島福太郎

日本歴史学会編集

吉川弘文館

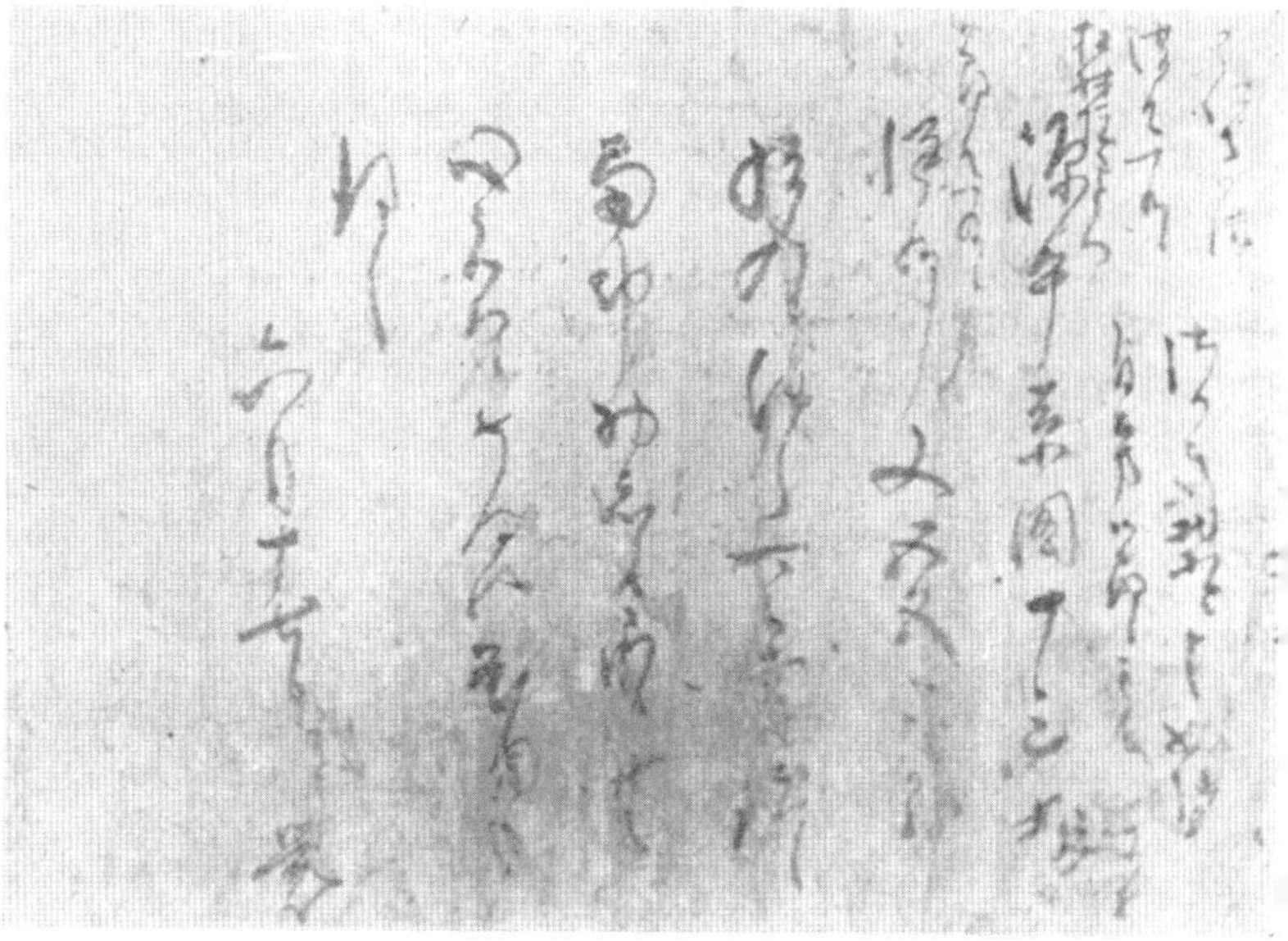

一 条 兼 良 書 状　　（橿原市、河合正次郎氏旧蔵）

さかき（榊）葉と申候物語□
自ニ公方〔足利義尚〕ー御尋候、其方□所持
之仁候者、御伝（転）借候て可レ給《くう》候、
松林院なとへ御尋候て可レ給《くう》候、
源平系圖十三册、
慥《たしかに》給《わり》了、又五（瓜）色二籠
悦《び》入《り》候、涯分《がいぶん》可レ令《む》ニ賞玩《せ》ー候、
南都物《ぶつ》忩《そう》之由承《り》候、無《こころ》ニ
心元《もとなく》ー存《じ》候、如何様《いかようの》題目《に》候哉、
謹言、

六月十七日　（花押）〔覺惠〕

（袖裏の文字は大乗院と読める。その子の大乗院尋尊僧正に贈ったものである）

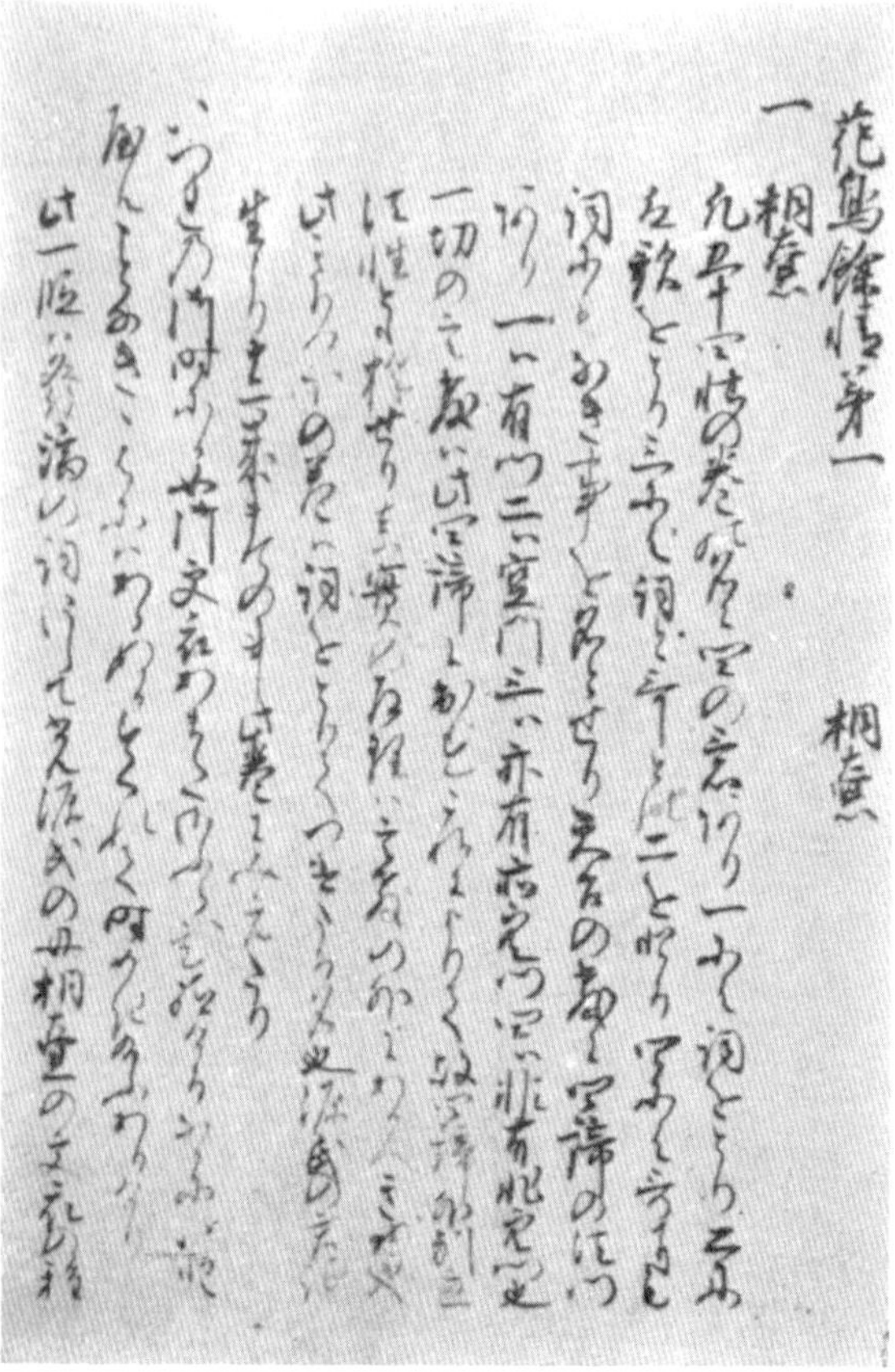
花鳥餘情第一
桐壺

花鳥余情　巻首　（奈良県，竜門文庫所蔵）

はしがき

わが伝統文化を論ずるばあい、その淵叢として東山文化がとりあげられる。もちろん、東山文化は突然変異ではない。一時代の文化の高潮として理解されよう。

太閤一条兼良は、東山時代の公卿貴族である。当時、「五百年来の学者」とたたえられた。後世、『源氏物語』『伊勢物語』『古今集』ないし『日本紀』などの古典研究の業績により、古典学者と評されている。

世に東山文化を論ずるものは多いが、それを武家文化として見るのあまり、兼良の存在は無視されがちである。いわゆる中世暗黒時代に当るから、疲弊した公卿などは問題とならぬとするのであろうか。

東山文化は武家文化の完成ともいわれる。しかし、私はかねがね、東山文化は武家文化とは見ず、宗教的公家文化として東山文化を論じている。この観点から、東山文化の潮流のうちに兼良の生涯を見つめたのが本書である。

東山文化の開花期において兼良の活躍があった。その時をいえば、応仁の乱後のいわゆる戦後である。その時流が、官位と学芸との権威をあわせ持ち、しかも老齢という兼良を迎えたものといえよう。

この東山時代から、近世社会の黎明がある。多くの人々が、考え学ぶという時代になるのである。このとき兼良は、わが古典を咀嚼して人々の身近かにこれを呈した。兼良が「和学の祖」といわれるゆえんである。

ともかく健康であることである。兼良は八十歳の長寿に恵まれた。しかも、喜寿にして子女をもうけるという、驚異すべき元気を持っていた。その元気を学芸にそそいだ。『花鳥余情』にしても、『日本書紀纂疏』にしても、七十歳の高齢における著作である。

本書を成すにあたり、畏友斎木一馬氏から多くの示教を賜わった。銘記して謝意を表する。

昭和三十四年七月

永島福太郎

目次

はしがき
一　東山文化と兼良……一
二　執柄への道……二七
三　奈良疎開……四五
四　一天無双の才人……七五
五　古典学者……九三
六　「女人政治」礼賛……一一三
七　『源氏物語』憧憬……一五〇
八　二十六人の子女……一六一

九　一条家の経済……一七九
略年譜……一九四
参考文献……一九八
足利将軍家略系図……三
五摂家略系図……四三
一条家系図……二〇二

口絵

一条兼良書状……巻頭
花鳥余情……巻頭

挿図

鹿苑寺「金閣」と慈照寺「銀閣」……二
足利義満像……五
足利義教肖像……八
足利義政肖像……一一
大乗院址……四六
長谷寺……六一
『兜率天弥勒菩薩経』奥書……六四
周文筆「蜀山図」賛……六八
幡多庄一条教房遺址……八三
兼良の墓……八五
文清筆「湖山図」賛……九一
大乗院寺社雑事記……一〇〇

等春筆「瀟湘夜雨図」賛……一〇九
一条兼良和歌懐紙……一一七
後花園院
一条兼良加点「後土御門天皇連歌巻物」写……一一八・一一九
足利義尚肖像……一三四
樵談治要……一四〇
摂家系図……一六二・一六三
一条兼良書状……一六八
一条兼良寄進状……一八六

一　東山文化と兼良

兼良の生涯

一条兼良《かねら》は応永九年(一四〇二)五月二十七日に生まれ、文明十三年(一四八一)四月二日に没した。老齢八十歳に達している。摂政太政大臣《せっしょうだじょうだいじん》というよりか、源氏物語の註釈書『花鳥余情《かちょうよぜい》』、日本書紀の註釈書『日本書紀纂疏《にほんしょきさんそ》』の著者といったほうがわかりやすい。当時の世評では「五百年来の学者」(『長興宿禰記』)、「無双の才人」(『十輪院内府記』)といわれたし、自ら菅原道真《すがわらのみちざね》以上の学者と豪語《ごうご》していた公卿《くぎょう》である。

兼良の生涯は一五世紀をほぼみたしておる。歴史上、一五世紀といえば、中世にあたり、いちおう戦乱の時代といわれる。じじつ、兼良もその老年に応仁の乱(一四六七―七七)に遭《あ》い、邸宅は焼かれるし、奈良へ疎開するという難儀をしている。もちろん、応仁の乱は下剋上《げこくじょう》の戦であり、それから戦国の乱世となる。貴族兼良

鹿苑寺「金閣」（上）と
慈照寺「銀閣」（下）

金閣と銀閣

などには苦難の世であった。

しかしこの一五世紀には、かの金閣・銀閣の二大文化財をのこした室町文化の繁栄をわれわれは知っている。足利三代将軍義満《よしみつ》が、その京都北山《きたやま》の山荘《さんそう》に金閣を建てたのは応永四年(一三九七)のことである。そこで前将軍准三宮《じゅさんぐう》義満が豪遊を展開したし、それにつれて武家はもとより、公家・社寺の文化生活がさかんとなり、かくて文化の高潮が見られた。これを北山文化といい、一時代を劃することもできるほどである。この北山文化時代に兼良は生まれたのである。

兼良の一生は金閣から銀閣にわたる

銀閣は世上《せじょう》、東山《ひがしやま》文化の花といわれている。足利八代将軍義政《よしまさ》がその東山山荘に構えたのが銀閣である。これまた前将軍准三宮義政の逸楽《いつらく》生活の所産であった。この銀閣が建ったのは文明十四年(一四八二)、兼良の没した翌年のことである。それゆえ、兼良の一生は、金閣に始まり銀閣に終ったという年代計算ができる。もとより、北山時代と東山時代とに息吹《いぶ》いていたわけである。

足利氏の貴族化

ところで、北山文化の主人公である義満といい、東山文化の主人公である義政といい、ともに武家である。新たに政権を握った新興階級であり、その多年の念願がかなって文化生活にひたったわけである。もちろん、文化の権威も権力の要素であった。しかし、いぜん文化の府は公家あるいは社寺であり、文化人は公家《くげ》衆《しゅう》（公卿という殿上人が除かれる。そこで貴族たちをかく呼ぶ）の貴族であり、僧侶であった。文化をも念願した武家は、公家や社寺にその門戸を開かせた。将軍自ら公家の官職を得て公家衆の首班に列したり、夫人を貴族から迎えたりして、貴族化をはかったのである（足利将軍夫人は、大臣家日野氏から出ることになった）。寺院には実子のほか、貴族子弟を猶子《ゆうし》（実子と同格にみなすもの）として入寺させた。義満のばあいなど、まず平清盛をまねたものといえる。義満のすることなすこと、すべて清盛を模倣《もほう》している。なお自ら出家しているが、これも信仰というよりか貴族・僧侶化であり、清盛のまねである。ともかく、義満は文化の権威もその手

義満の時代

中に収めるため、公家衆も、僧侶も、あるいは公家や社寺に隷属《れいぞく》した芸能の徒も、

足利義満像（京都市，鹿苑寺所蔵）

その膝下《しっか》に呼び集めた。将軍家の花御所《はなのごしょ》や北山山荘に参入した輩は、必然的にその生活にも恵まれた。とうぜん、公家や社寺もその文化の高揚に努めた。とくに舶来文化の府である禅寺などには、特別の待遇を与えたし、その禅僧を優遇した。この北山時代には、武家が新らしく文化の府として登場してきたのである。政治・経済の権力を握った武家だから、手当り次第に文化を吸収した。もちろん、選択もなく、雑然としていたことは免れないし、けばけばしいものであった。しかし、ここで、文化が尊重され、文化人が優遇されるようになったことは事実である。学問なども、深い掘り下げが行われるようになった。文化人も、実用的な技能のみに終始していたのでは、その競争に敗れるおそれもでてきた。

兼良は摂家の子

兼良が生まれたころには、北山山荘で義満が豪華な生活を展開していた。義満が死去するのは応永十五年（一四〇八）だが、兼良は七歳になっている。恵まれた時代に生まれたのである。しかも、武家に圧倒されはじめたが、摂家という家柄は武家も一目《いちもく》をおくものであった。公家衆の棟梁《とうりょう》が摂家だが、摂政・関白には摂家がなるのだから、摂家の長子として生まれた兼良には、その棟梁の地位が待ち設けていたといえる。しかも、公家衆はその文化的教養によっていっそう重んぜられるという時勢であった。兼良に学問・教養が授けられたのは当然である。そのうえ、兼良の父の経嗣《つねつぐ》は、前代に公卿学者・文人として令名のあった二条良基《よしもと》の息であったし、兼良の母は文章博士《もんじょうはかせ》東坊城《ひがしのぼうじょう》（原菅）秀長《ひでなが》の女であった。すぐれた血筋

兼良は学者の血筋

を兼良はうけたし、幸いにも知能に恵まれたのだから、兼良が学問に興味を持つようになったのは当然である。しかも兼良は、学問によって立身がはかれることも悟ったのである。

義持の時代

世上、足利義満の死去によって文化はしばらく停滞したと説くが、それはあたらない。停滞ではなく、落ちつきがでてきたのである。将軍家をはじめ、これをめぐる有力守護大名たちを網羅《もうら》して、文化生活はいっそう高まった。そこから、大小名たちへも文化が及んで行った。武家も文化の府となってきた。かの能楽の大成者である世阿弥《ぜあみ》にしても、義満の死後、将軍義持《よしもち》の時代の活動が目立つし、彼の文化理念や芸術理論の追求ということが始められるのである。これはその芸に深みを加えるものであった。このことは文化界全般に通ずることでもあった。舶来文化として飛びついた宋元文化に対しても、その内観の美を求めるようになったし、そこで伝統の公家文化に対しても掘り下げが進むし、古典主義思潮など

足利義教肖像（愛知県，妙興寺所蔵）

もおこってきた。文化現象からいえば、宋元文化と公家文化との混融がはかられたのであり、このばあい、公家文化が主体性をおびてきた。

足利六代将軍義教《よしのり》は、武断政治家として紹介され、その文化生活などは注目されていない。しかし、その武断政治を断行するだけの権力があったのだし、この代が足利幕府の最盛期であった。その権力をまさしく文化の面にも及ぼしたのである。公家衆も僧侶も、あるいは芸能人たちを意のままに動かしたし、武家殿中の礼法や年中行事の確立をはかっている。公家や武家のなりたちが明らかになってきたためである。

義教は、公家衆でも門跡《もんぜき》でも、その大小名に対したばあいと同様、その意に反するものは容赦なく断罪した。義教の意は、宮中・府中の別を立て、また武家との別も厳にすることであって、これを乱すものを処罰するというのである。宮廷の尊厳はこれを認めて尊崇したが、公卿以下の人臣には将軍の支配権力を及ぼした。摂家に対しては、わずかにその伝統による優越性を認めるという程度である。もともと義教は、義満の子であるが、貴族仏教の僧侶として成人した。そこで天台座主《ざす》の任についていたのが、将軍家に迎えられたという経歴を持つ。また貴族僧侶の三宝院満済《さんぼういんまんさい》を政治顧問とするなど、公家趣好もあり、公家生活を熟知していたのである。

後花園天皇の好学

公家も武家の保護があったので、朝儀の復興もあり、年中行事も支障なく行われ、その文化生活は豊かになっていた。当代の後花園《ごはなぞの》天皇も好趣・好学の方であった。天皇の御生父は『看聞御記《かんもんぎょき》』をのこされた後崇光院《ごすこういん》贈太上《だじょう》天皇である。その宮廷で文芸の花も咲いた。天皇が公家衆や社寺から絵巻物などを需《もと》められたり、

新続古今集の勅撰

また『本朝書籍目録《ほんちょうしょじゃくもくろく》』を求められたことなど、その古代文化への関心を示すものといえよう。とくに、和歌集の勅撰を考えられ、永享十年（一四三八）に『新続古今集』が成った。もちろん、これは将軍義教の協賛があったために実現したのである。この勅撰集の内容は貧弱だが、勅撰が行われるという文化環境や文化思潮は注目されねばならない。ところで、勅撰集の序文は、撰者が執筆する例である。

兼良その序文を撰ぶ

このとき、その例が破られ、とくに前摂政一条兼良がその執筆を命ぜられた。兼良はすでに摂政の職を経ていた。これは兼良の要請が公家・武家に対して行われたものと見られるが、この序文の執筆によって、兼良の学者としての地位が確立したものであった。その摂家という家柄がまた重んぜられたともいえるのである。

義教、兼良に二荘園を与う

将軍義教は、とくに兼良に好意を寄せたというのではなかった。しかし、ようやく兼良が公卿学者の第一人者としての世評を得てきたのでこれに好感を寄せていたし、兼良に尾張（愛知県）徳重保《とくしげほ》半分や摂津（大阪府）太田保公文職《くもんしき》を与えたりしている

(『満済准后日記』)。これは公家衆の生活安定をはかったその政策の一環であった。すでに、兼良は武家の権力はこれを評価し、これを迎えようとしていたのである。

義教は老臣赤松満祐《みつすけ》の兇刃《きょうじん》に倒れた(嘉吉の変 一四四一)。その武断政治が招いた必然の結果である。連立政権である足利政権において、将軍の独裁権力化が進んだのに対する反撥といえる。もちろんこれは、下剋《げこく》上《じょう》の極致を示すものである。ここに登場した八代将軍義政も、積極的にその意志による政治の遂行はできなかった。

足利義政肖像(京都市,慈照寺所蔵)

そのころに始まったことではないが、守護大名ともなれば、つねに京都に在住し、将軍家に近侍している必要があった。

将軍義教のように独裁権力化したものに対しては、つねにその側近にあって、しかもその歓心《かんしん》を求めておらねばならない。将軍の意一つで、領国の召し上げも、また改替《かいたい》も行われるというものだったから、大名の地位も不安定であった。

〔参考〕　足利将軍家略系図

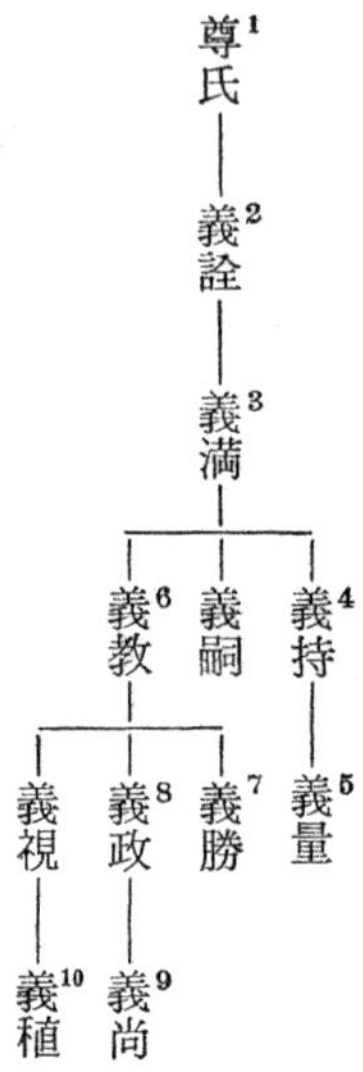

赤松満祐《みつすけ》が義教を弑《しい》したのも、その本国の播磨《はりま》の国（兵庫県）を召し上げられようとしたからである。満祐には幾つも領国はあったが、本国を召し上げられるというのでは辛抱《しんぼう》がしきれなかったのである。

大名は、その在京中は将軍家の儀式や宴会に出たり、同僚間の交際を専らにした。そこでは文化生活にひたるというものであった。その費用は多いほどよい。領国内で誅求《ちゅうきゅう》したものである。しかも、在京しているのだから、その国許《くにもと》とは疎遠になる。国許で一族や重臣たちが誠意を持っているうちは安泰だが、その仲間での勢力争いもある。まして領国内では領民の成長があり、国衆《くにしゅう》や地侍《じざむらい》などが出現する。それらのすべてを家臣に組織づけることはできない。それらの反抗もある。大名と領民との間にあった守護代や郡代といった小名《しょうみょう》たちの地位もまた不安定であった。こういうところに下剋上《げこくじょう》がおこるのである。

下剋上

将軍の無力化

将軍や有力大名の貴族化はいちじるしい。それとともに無力化がおこった。強固な実力を持ったものの貴族化ではない。むしろ貴族的生活に溺れてしまったのである。将軍義政のばあいなどがそれである。すでに足利将軍家も数代を経た。新貴族の域を脱して、貴族そのものと化したのである。そのばあい、義政は、八代将軍ではあるが義満の孫にあたる。祖父義満の豪奢癖《へき》も遺伝していた。しかし、将軍家の権力は義満時代の比ではない。まして義政は政治の座からは隔離されてしまった。単に富力に恵まれた貴族という存在といってよい。貴族たちとの交歓《こうかん》もはげしくなった。しかも、その教養は進んでいたので、平安貴族藤原氏の生活にいっそう憧憬《あこがれ》の念を募《つの》らせたのである。

やがて応仁の乱がおこった（一四六七）。新旧社会交替の戦乱であり、その禍根は深く、激戦というほどではなかったが直ちに静止するものではなかった。後花園上皇がこれを愁傷《しゅうしょう》せられ、伏見宮貞常親王に関白兼良をそえて将軍家に至らしめ、将軍義政にその終結に努力すべきを諭されたこともあった。いつしか義政も戦乱になれてしまった。ともかく、将軍という地位を義政は維持できたし、その生活も維持できた。いわば将軍が象徴的地位に坐わり、その実力がなかったところにその安泰があったといえる。諸大名も将軍家に代ろうとして戦ったものではない。

新将軍の擁立や南朝皇子の即位も考えられたが、これを実現する野望を持った有力大名もなかった。そのため、この応仁の乱には、公家も将軍家も遊離した存在となっていたのである。将軍家において、将軍後継者としてこの乱の原因をかもした義政の弟義視《よしみ》も京都を去ったので、文明五年（一四七三）には義政の実子の義尚《よしひさ》が将軍となり、いちおう戦乱の意義は失われた。そのうえ、東西両軍の大将細川勝元《ほそかわかつもと》・山名《やまな》宗全《そうぜん》が相ついで没したので、諸軍は京都から撤退し、大乱は終息《しゅうそく》した（一四七七）。

義尚将軍となる

この戦乱で将軍家も貴族化大名も権力を失なった。「武家は大酒」、「禁裏は念仏」（『大乗院寺社雑事記』）というのが戦後の貴族生活のすべてであった。逸楽《いつらく》のすえ、その到達したところは、平安貴族の生活であった。

兼良奈良に疎開す

応仁の乱によって京都市中は焼かれた。公卿や有力町人などは、縁故を求めて奈良や堺などに疎開した。下級貴族などには疎開の便はなかった。疎開できるも

著述生活

のはむしろ仕合わせだったのである。五摂家の公卿たちは、ほとんどが興福寺に入寺していた子弟たちを頼って奈良に疎開した。応仁二年（一四六八）、すでに七十歳に達しようとしていた兼良も、その息の大乗院尋尊《じんそん》を頼って同門跡に下向《げこう》した。このとき、兼良は関白の任にあったから、天皇の側近にあるべきだが、もうそのような事は考えていられなかった。もちろん、じきに辞している。奈良では京都を離れたという不満はあったが、生活にはこと欠かなかった。近辺には、他の摂家たちをはじめ公卿たちが寓居《ぐうきょ》していた。詩歌《しいか》管絃《かんげん》の遊宴もできた。その費用を弁ずる興福寺の門跡・院家《いんげ》などの苦労はかなりあったが、摂家や公達《きんだち》などの知るところではなかった。兼良など、安んじてその著述などもできた。その『花鳥余情』といい、『日本書紀纂疏』といい、この奈良疎開中の著作である。兼良の疎開は約十年に及ぶが、これはその生活がまずまず満足できたからである。

兼良の帰京

兼良の帰京は文明九年（一四七七）であった。他の摂家たちよりはかなりおくれている。すでに応仁の乱が終息して、京都の治安は回復してきた。しかし、兼良にはその邸宅もなかったし、京都で頼りにできる寺院も焼けていた。そこで上京をためらっていたのである。ところが、朝廷や将軍家からの招請がしきりにつづいた。とくに将軍家では、学者であり、文芸家の第一人者である兼良の在京を希望した。この年七月の七夕《たなばた》に、義政夫妻は参内して歌合の興をもよおした。この歌合の判詞《はんのことば》を連歌師宗祇《そうぎ》を使者として奈良の兼良に求めている。兼良の奈良にいる不便をいっそう痛感したことだし、兼良から平安貴族生活を学ぼうとしたことである。ことに、女将軍《じょしょうぐん》的権力をふるった義政夫人日野富子《ひのとみこ》が、この学芸の第一人者をも握ろうとしたものであった。ともどもその貴族生活のために、兼良を求めたということができる。

日野富子、将軍の権を専らにす

兼良は帰京して妙観院を宿所とした(『長興宿禰記』)。その帰京の条件として、将軍家では一条家領の還付に尽力することを約したのである。さっそく宮中をはじめ、公家

兼良の学者活動

衆はその教えを請うた。戦後で朝儀の復興もくわだてられたし、その復興といえば、一やく平安朝の盛時を夢見るというのが人情である。兼良から平安朝の朝儀や宮廷生活を学ぼうとしたのである。とくに源氏物語の講義などが求められたが、それも当然といえよう。文明十年ころ、後土御門天皇が源氏物語をはじめ平安朝文学書の書写・校合《きょうごう》を廷臣に命ぜられた例がとくに多い(『実隆公記』『親長卿記』)。また『孟子』の講義などが行われているのは、乱世を静める治策《ちさく》を知ろうとするものであったろうか。戦後の世情がうかがえるようである。朝儀をはじめ、詩歌管絃の会に至るまで、すべて公事《くじ》である。この公事の師匠《ししょう》として兼良は公家の尊敬を一身にあつめたのである。もとより公家衆の最長老であった。

富子に源氏物語を講ず

将軍家でも同様である。兼良が宮廷で『源氏物語』の講義を始めると、将軍家でも兼良に講義を求めた。義政夫人日野富子も別にこれを求めている。武家夫人に摂家が学問を教授する例はないというような陰口《かげぐち》も行われた。もともと講義には謝礼

女人政治の礼賛

がある。とくに将軍の権力をふるっていた富子に講義することは、生計を維持することにもなったといえよう。兼良はいっそう富子に近づいた。そして、その求めに応じて、詩歌の教養から聖賢の政道に至るまで、その蘊蓄《うんちく》を傾けてこれに説いた。その成書《せいしょ》が『小夜《さよ》のねざめ』であるが、富子を賢人としてその執政に賛辞を呈しているし、簾中《れんちゅう》政治の珍らしくないゆえんなども説明している。この富子は、その実子の少年将軍義尚に貴族的教養を与えようとして兼良を招いたことでもあった。兼良は義尚に種々の書物を与えたが、とくに『文明一統記』『樵談治《しょうだんち》要《よう》』の政道書を著述してこれに与えているのが有名である。『小夜のねざめ』『文明一統記』および『樵談治要』は、兼良の三部作ではあるが、それぞれ対象に応じて説明を繁簡にしたものであって、その内容を甚だしく異にするものではない。神儒仏三教即一《そくいつ》思想によって説く貴族政治論であるし、権威主義につらぬかれている。下剋上の権威無視の時代にこれが説かれるのである。前将軍義政なども、この『樵談治要』を嘉賞《かしよう》したといわれるが、実効は期待できるものではない。実効をあげる前提としては幕府権力の強大なることを要した。しかし、これについての提言は現実的なものではなかった。

兼良の周辺には、つねに連歌師宗祇があった。凋落《ちようらく》したとはいえ、兼良は摂家である。その矜持《きようじ》からいっても、将軍家と交わるぐらいが限度であった。その兼良から宗祇が知遇を得たのは、その師の宗匠(連歌会所奉行)高山宗砌《たかやまそうぜい》の手引きがあったのに始まるが、兼良につねづね献金をしていたことにもよる。応仁の乱前後から公家は窮迫した。兼良も同様である。これを宗祇は援助したのである。また兼良に美濃(岐阜県)の斎藤氏、周防《すおう》(山口県)の大内氏などの富裕大名が献金しているが、これも宗祇のあっせんであったといってよい。もちろん、宗祇は兼良から古典の教授をうけたし、兼良について宮廷生活史をただしたのである。宗祇が連歌の大成者となるのも、この兼良を師としたからであり、その知遇をこうむった幸運があったためといえよう。この斎藤・大内両氏も、兼良からその著述を授けられた。

兼良の業績が広まる

兼良は多くの著書をのこした。それで後世にその業績も伝わったわけだが、むしろこの宗祇や斎藤・大内らの大名にその業績を頒《わか》ち与えたことが、その主動力となったのである。ここから、それが広められたというものである。なおここで、例えば歌道などにしても、その技能の末々を得ることではなしに、これをその根源において究めようとする機運がおこってきたことが指摘できる。『新古今』から『古今』などの『三代集』にさかのぼり、その世界を知ることである。古典主義思潮の勃興である。歌道の秘奥書《ひおうしょ》として『伊勢物語』『源氏物語』があげられた。

源氏物語は平安貴族生活の宝典

兼良はその源氏研究の結晶といえる『花鳥余情』において、『源氏物語』を「句々貫《つらぬく》二和歌之骨髄一」といい、歌道の宝典としているのである。こののち戦国時代となるが、地方大小名の子女たちに至るまで『源氏物語』を備えている。これなど歌道の宝典として尊んだものであろう。もとより、源氏研究には公事《くじ》に通じ、宮廷生活を知悉《ちしつ》せねばならない。学は和・漢にあまねくわたる必要もあった。兼良のごときは、むしろ源氏研究のためにその古典の研究を進めたということができようし、その成果は結局において兼良を平安貴族たらしめたといっていい。兼良の生涯は、学問的には室町時代から平安時代への昇華《しょうか》であったといえよう。

応仁の乱後の時潮は、戦後の復古思潮というべきか、一やく平安貴族時代の憧《どう》憬《けい》となった。端的にいえば『源氏物語』の世界の憧憬である。戦後などに、強弱の差はあれ、文化への欲求がおこるばあい、つねに『源氏物語』ないし平安朝ものがとりあげられることはここにいうまでもなかろう。さきに『源氏物語』は歌道の宝典であるといったが、やがて貴族生活の宝典として世人に仰望されるに至ったというべきであろう。かの戦国大小名あるいは町人、ないし、それらの子女が『源氏物語』の入手に奔命した事実は、単に歌道の宝典というだけではなかろう。しかも、これらの新興階層に『源氏物語』が流布《るふ》したことで、『源氏物語』

が今日にその光輝を放ったといえるであろう。

応仁の乱はたしかに社会変革期の戦いであった。しかし、いまだその発端《ほったん》としかならなかった。戦後といえども、いまだその発端といえるものであった。戦後もなお貴族武家がしばらく政権を握っていた。もちろん、その政権は前代からの伝統に支えられた名ばかりのもので現実性はない。わずかに文化的権威といえるものであった。これが戦後時潮と苟合《こうごう》して畿内には小康《しょうこう》がおとずれた。そこに戦後の例であるが、文化の高潮がおこったのである。

東山文化

当代文化の精華が東山文化である。かの義満時代の北山文化に比せられるが、この両文化は対立するものではない。ともに新興貴族武家足利氏の文化生活におこったもので、室町文化といって総称することもできるし、北山文化の発展が東山文化というに過ぎない。もとより舶来の宋元文化にかざられたものだが、その摂取《せっしゅ》が進んだところにこの発展があった。北山文化の象徴を金閣とし、銀閣を東

しろがねの美

山文化の象徴として見るならば、その名に示されるこがねの美のしろがねの美への沈潜《ちんせん》がその発展であった。

ここに至るまでには、文化荷担《かたん》の主役である武家が代を重ねて貴族そのものとなって落ち着きがでてきたこと、あるいは宋元文化に刺激されて伝統の公家文化が蘇《よみが》えり、そこで宋元文化の精神たる禅宗の理解と相まって、文化に宗教的沈潜が進んできたことがあげられる。この沈潜は、応仁の乱後の文化復興の機運に促《うな》がされて、貴族たちの文化生活が展開されたものの、戦乱によって生気を失なった貴族たちのそれであったためにおこったものである。その貴族の代表が将軍義政であった。したがってこの沈潜は、現実逃避《とうひ》の世界におこり、そこに簡素枯淡《こたん》の風趣《ふうしゅ》をも醸成《じょうせい》した。これが東山文化の色調である。

伝統文化

したがって東山文化は、禅・浄土両宗に色どられる。いぶし銀であり、宗教的公家文化というべきものである。もちろん、貴族に対して、生気にあふれた新興層があり、これの文化欲求がさかんであり、貴族の文化生活に追随した。東山文化がわが伝統文化として伝流するのは、それがこの新興層にうけ入れられ、生気を注入された結果である。

東山文化と兼良

この宗教的公家文化たる東山文化の技師が兼良である。兼良は公家衆の首班である摂家の人であり、公家文化の推進者たる素質を持った。しかもその技能を生涯にわたってみがいたのである。学は和漢にわたり、神儒仏三教に通じ、禅・浄土両宗に帰依《きえ》し、その教旨にも明るい。とくに応仁の乱後は、時流に迎えられてその老成の技能を発揮した。もちろん、東山山荘《さんそう》の主人公義政にも迎えられた。

兼良は東山文化人の長老である。しかしこの長老は、八十歳になんなんとしているが、現役として壮者をしのぐ活躍をしたのである。老齢といえば、かの一休和尚も兼良より八歳の年長であるが、このころも活躍している。応仁の乱後の小康期の東山時代は、老人時代ともいえそうである。老人が重んぜられ、老文化人などはいっそう仰がれたのである。兼良のばあい、もちろんその側妾《そくしょう》は若いが、七十五歳で女子をもうけるほどの精力家であった。七十歳の時にも女子をもうけている。なお、兼良の主要著書は六十歳以後の作である。八十歳といっても、常人の壮年に当るものであった。

兼良を一言にして評すれば、近世に開花する「和学」の鼻祖《びそ》といえる。兼良が才と時と環境との三幸運を一身にあつめた結果のものである。以下、章を分ってさらに縷《る》説《せつ》して見よう。

なお、兼良の名のよみ方であるが、世に「かねら」と伝えられる。「かねよし」との説も見られる。しかし、ともに然るべき文献に拠ったというものではなさそうである。いま、私も確実な証拠を持たない。ここでは、「かねら」というに従っておく。

二　執柄への道

一条家は五摂家の一

兼良は一条家に生まれた。一条家は五摂家の一である。摂政・関白となり、廟堂の首班にすわることは約束づけられていた。すでに朝廷は政治権力を失なっていたので、摂政・関白と呼ばれる執柄《しっぺい》の地位も、朝廷の儀式などに上座を占めるという栄誉にしかすぎない。かつては、摂関には渡領《わたりりょう》という荘園領地があったが、有名無実となってきている。ただのこるところは、その精神的権威感のみであった。しかしそれでも摂家貴族としては、摂関の地位に一日も早く昇進することを望んだことは当然である。兼良としても同じであった。

摂家の特典

摂家の子弟には、官位の昇進にも特典があった。元服すると、公卿の子弟は、叙爵《じょしゃく》といって五位に叙せられるのだが、清華《せいが》といわれる大臣で終わる家の子弟が

足利氏は源氏氏長者として大臣家となる

従五位上から始まるのに、摂家の子弟は正五位下から始まるという、スタートからの特典があった。また越階《おっかい》といって、位階の順次を飛び越すことも多い。元服はほぼ十歳で行われるが、一・二ヵ年のうちに三位に昇り、公卿に列してしまう。しかも、参議《さんぎ》・中納言・大納言・大臣という官職の昇進順序があるが、ここでも摂家子弟は参議を経ずに権中納言に初任する。そして権大納言を経て大臣に進んだ。そして、摂政・関白の優詔《ゆうしょう》を拝するというわけである。

大臣に任ぜられるには、五摂家のほか清華家《せいがけ》(大臣家)もある。室町時代には足利将軍家も源氏の氏長者《うじのちょうじゃ》となり、清華家の一に割込んだ。摂家は清華家には容易に優先することができたが、将軍家の割込みにはやや当惑した。大臣の席を一つ塞《ふさ》がれるだけでなく、勝手に割込まれるからである。

摂政・関白は五摂家の独占である。しかし、そのいずれか一つの席を五摂家で占めようとするのだから、その当主の年齢の差がそれぞれ大きくないかぎり、争奪もおこるというものであった。いったん、この席を得ると長く保持したい。そのうちに条件を具備した摂関候補が輩出する。器量や徳望だけでは摂関の地位に昇れないので、武家の政治権力にもすがるということもおこった。すでに武家が公家に勢力を及ぼし、その人事にも介入したからである。かくて摂関の地位をめぐって、権謀術数の争奪戦も展開された。

兼良の父は一条経嗣

兼良が成恩寺殿《じょうおんじどの》一条経嗣《つねつぐ》を父として生まれたのが応永九年（一四〇二）五月七日、父はそのとき関白であった。この経嗣の関白の在職はながく続いたが、同十五年四月に近衛忠嗣《ただつぐ》が二十六歳に成人したので、これに関白が譲られ、ついで同じ年齢の二条満基《みつもと》が関白となった。しかし同十七年、満基が死去すると、経嗣が三回目の関白となり、二十五年までその職にあった。五十余歳の経嗣は、その年齢といい声望といい、不動の地歩を固めていた。この経嗣の相続人として兼良は成人してくるので、非常に恵まれた環境にあったわけである。かくて同十九年十一月に十一歳にして元服し、同日、叙爵して禁色《きんじき》・昇殿《しょうでん》を許され、翌二十年四月には従三位に昇叙《しょうじょ》されるし、翌二十一年三月には正三位・権中納言に昇進するというスピードであった。父が執柄《しっぺい》ということが、この出世をもたらしたものである。なお

兼良の兄

兼良には兄があった。経輔（初名良忠）である。正二位・権大納言に昇進したが、応永十八年には辞職してしまった。病身であったらしく、このために兼良の昇進が急がれたといえる。経輔は同二十三年に出家してしまった。

　経嗣の関白の地位を脅《おびや》かすものは、年齢はだいぶ隔るが前関白近衛忠嗣と、応永二十一年に二十一歳にして右大臣に任ぜられた九条満教《みつのり》とであった。また満教よりは少し年長だが、昇進のおくれている二条持基がいた。このころ、将軍足利

兼良のライバルは近衛房嗣

義持は内大臣に進んでいた。この近衛忠嗣の子に、兼良と同じ年齢の房嗣《ふさつぐ》があり、同二十二年に元服し、翌二十三年には正三位、権中納言に進んだ。兼良が権大納言に昇った後を追ったのである。

兼良の昇進には、先輩に近衛忠嗣と九条満教および二条持基《もちもと》、後輩に近衛房嗣がかかりあうということになった。とくに同年齢の近衛房嗣が踵《きびす》を接していたことが、兼良に奮励をうながしたものである。

兼良は英才

貴族の勉強といえば、学芸に精進して朝儀・典礼に通ずることと詩文に長ずることであった。将軍義持が白馬節会《あおうまのせちえ》の白馬をなぜ「アヲウマ」と読むかと質《たず》ねたが、誰もこれに答えられなかった。そこで院中に質ねたところ、そこでも答えがない。すると、十八歳の兼良は、宇多法皇の御日記（『寛平御記』）を典拠としてこれを解説注進した。この話をきいて、後崇光院《ごすこういん》は嘆称《たんしょう》のことばをその御日記に記している（『看聞御記』）。兼良はその青年時代に早くも鋭鋒《えいほう》をあらわしている。

兼良は学者の血筋

兼良に英才の素質があったのは、その血筋のせいでもあった。父の経嗣は、南北朝時代に公卿学者の第一人者であった摂政二条良基《よしもと》の息で、一条家を家督したもの。その母は学問の家である博士家の菅原氏の東坊城秀長《ひがしのぼうじょうひでなが》の女であった。秀長は弁官《べんかん》を経て正二位・参議に進み、応永十八年に死去した。兼良はこの外祖父の謦咳《けいがい》にも接したはずである。学問の家の血筋が伝わっていたといえよう。のちに兼良は、菅原道真にまさるものが三つあると豪語《ごうご》したというが、菅丞相《かんじょうしょう》（道真）に学問の神としてのみならず、祖先としての親近さを感じていたことであろう。ともかく、自信の強い人で、かなり激しい性格の持ち主だったことが知れよう。したがって、官位の昇進にも儕輩《せいはい》を抜んずることに努めたことがうかがえる。

兼良、大臣となる

兼良が内大臣に進んだのは応永二十八年（一四二一）で二十歳。同三十一年に右大臣、正長《しょうちょう》二年（一四二九）に左大臣の極官《ごくかん》に転じた。このとき、近衛房嗣が右大臣に進んだ。そのころ摂関は九条満教と二条持基とに占められていた。両人は十歳ほどの年長であった。やがて永享四年（一四三二）八月十三日、兼良は摂政の詔を拝した。

摂政

この兼良の摂政というのは、時に後花園天皇が十四歳の幼主であったからである。翌五年に同天皇の元服の儀が行われることになった。このとき、議に上ったのは、至徳四年(一三八七)正月に行われた後小松天皇の嘉例《かれい》であった。後小松上皇は永享五年に崩ぜられるから、いまだ在世中であり、上皇の元服の儀が嘉例となるのは当然である。至徳四年の元服の儀は、加冠《かかん》が摂政太政大臣二条良基、理髪《りはつ》が左大臣足利義満であった。この前例は、伝統を重んずる貴族社会のこととて、ここでもその再現が考えられた。二条良基の孫の持基が摂政であり、将軍義教は、この年、権大納言から内大臣に昇進していた。まず摂政二条持基が太政大臣の職をのぞんだ。このような動きによって、八月に持基が太政大臣となり、摂政には兼良が任ぜられた。この兼良の摂政任命は、左大臣の官をあけて将軍義教に譲ることであった。かくて摂政兼良、太政大臣持基、左大臣義教、右大臣房嗣という廟堂《びょうどう》が成立した。しかし、持基の望みは摂政・太政大臣であった。その摂政を譲ったのは条件づきのことと思われる。しかも、義教を左大臣にするためには、兼良を左大臣から去らしめねばならない。兼良を去らしめる条件として、しばらく

摂政となった事情

摂政の職を与えたものであった。二条持基と足利義教との挾撃《きょうげき》にあって、兼良は摂政に押し上げられたかたちである。

はたして兼良は、十月に摂政を辞退させられ、持基が還補《げんぽ》された。兼良は拝賀の儀を遂げてから、約束を重んじて辞退することをのぞんだが、それも叶《かな》えられなかった。まして兵仗《へいじょう》・牛車《ぎっしゃ》の宣下《せんげ》もないという異例であって、兼良の摂政としての出仕もなかったのである。もちろん、翌五年正月に行われた後花園天皇の元服の儀には参仕ができなかった。このことは、勝気な兼良としては一生の痛痕事であったといえるものである。もちろん、この元服には、加冠が摂政太政大臣持基、理髪は左大臣足利義教が参仕したのであって、それも在世中の後小松上皇の嘉例というのだから、公家衆にも異論はない。まして武断将軍として名だたる義教が立て役者であったから、兼良は泣寝入りするよりほかはなかったのである。将軍義教が大臣に昇ってきたということが兼良の不運であった。武家にすっかり

義教の任大臣大饗の尊者となる

圧服されてしまった公家であって見れば、これまた当然のことであった。摂政持基が関白に復し、右大臣房嗣（永享十年に左大臣）との廟堂が、将軍義教（永享十年まで左大臣）の在世中は続いた。ともかく、二条持基が将軍家に重んぜられたのである。このことは、将軍義教の黒衣の宰相として義教の独裁的武断政治を輔《たす》けた三宝院満済准后《まんさいじゅごう》が、二条家支流の出身であったことを考える必要がある。兼良も将軍義教が内大臣に任ぜられたとき、永享四年八月の大饗《だいきょう》には尊者《そんじゃ》（饗宴の際に上座にすわる人）を勤めたり、これより先、二月には義教から尾張および摂津で両所の荘園を与えられているし（既述）、また和歌・連歌の興をともにするなどのことはあったが（『満済准后日記』）、それでも二条持基には及ばなかったらしい。嘉吉の変によって将軍義教がたおれ（一四四一）、その子の義勝《よしかつ》が将軍となっても、関白持基・左大臣房嗣が廟堂にあり、兼良には時運がおとずれなかった。

公家にも武家の権力が及ぶ

兼良の昇進は、たしかに停頓の感があった。ともかく、公家の人事に武家の圧力があるのである。このころ、官位の昇進には、前例に従うということで、コースも順序もきまっていたのである。それが武家の意向で破られる。兼良など、学者の素質があったのだから、この前例ということは、研究ができていたろうし、その不運のつど研究も積んだことだろう。しかし、とくに将軍義教のように気性《きしょう》の激しいものに対しては、前例などということで異議を口にすることはできなかった。将軍の権力ということを思い知ったことである。

将軍義教、兼良の学識を認む

この将軍義教は、兼良の学識は認め出してきた。兼良の歌学などは重んじた。兼良も努めてこれを誇示《こじ》することに努めたようである。永享五年（一四三三）二月に、義教が北野社一日万句法楽を催したとき、その連歌の序文をつけることを命ぜられている。前摂政という地位が幸いしたともいえるが、こういう方面では義教にも重んぜられたことがわかる。ついで同十年には、勅撰和歌集『新続古今集』の序文を執筆するが、これにも義教の了解があったことと思われる。こういう序文

才名が挙る

の執筆は、歌人であると同時に、歴史にも通じておらねばならない。勅撰集の序文は仮名・真名《まな》の和漢両文で作る。もちろん、歌会には和漢連句会もあるから、公家衆は詩文にも通じていた。ともかく、これらの序文の執筆に当らせられることは、学者の第一人者ということになる。兼良が学者として世に重んぜられるに至ったのである。このことが直接、官位の昇進に影響するというものではなかったが、こういう点で将軍家などとの交渉が深くなったことは、兼良にいつか役立つことになった。公家においてはもちろんのことである。将軍義教も文芸などは好んだし、時勢もこれを要求していたのである。

兼良の学究生活の上では、このころまでがいわば勉強時代であり、その声望を得たこのころからは、教授も行なうという劃期となった。兼良の著作や講義などの活動は、ほぼこの永享末年から活発になっている。

やがて文安二年(一四四五)十一月に関白二条持基が死去した。関白の詔は左大臣近

近衛房嗣に関白を先んぜられる

衛房嗣に下されてしまった。しかも、将軍義勝《よしかつ》が夭死《ようし》し、弟の義成《よししげ》（のち義政）が将軍となったが、この年、十歳に達したので元服することになり、関白房嗣の猶子《ゆうし》となって叙爵した。かれこれ、兼良にはなお不運がつづいた。

太政大臣となる

それでも、兼良は翌三年正月には太政大臣に任ぜられ、とくに座位は関白房嗣の上という宣下《せんげ》を蒙《こうむ》って、ようやく愁眉《しゅうび》を開いた。この太政大臣任命は、突然に行われたようであり、房嗣の昇任を不満とした兼良の画策《かくさく》が功を奏したものであろう。

関白をのぞむ

しかし、兼良には、さきに名目ばかりであった摂関の位に、真に坐って名誉を挽回《ばんかい》しようというのが宿願であった。それがまたまた房嗣に先んじられたのであるから、いっそう摂関をのぞんだものであった。かくて窮通《きゅうつう》の途を見出した。それは将軍家の援助を求めることであって、そのころ実権を握っていた故将軍義教夫人日野重子《しげこ》に懇願したことである。

故将軍夫人の口添えで関白となる

この義教夫人の口添えで、遂に四年六月に至って関白の詔を拝した。太政大臣から関白に任ぜられた例は、藤原基経《もとつね》のほか、四・五ヵ度しかないという特例であった。当初、兼良の希望を入れて将軍家から管領《かんれい》細川勝元の名で兼良の拝任方を要望した。しかし、関白房嗣が辞退を承知しないので、沙汰止みとなった。そこで兼良は義教夫人日野重子を動かしたのである。重子は、たとえ房嗣が辞表を提出しなくとも、これを解任して兼良を還補《げんぽ》すべきことを公家に強硬に申し入れたので、房嗣の上表なくしてその後任に兼良が宣下《せんげ》されるという異例の処置となったものである。このころ左大臣に昇っていた鷹司房平《たかつかさふさひら》は、房嗣が辞するようなことがあったら、その後任になろうと望んでいた。しかし、兼良は得意の前例調べをして、鷹司家は摂関の職に一代中絶の例があることなどを持ち出し、その動きを封じたりした。しかし、相当こじつけの論理だったし、反ばくもできたはずだが、それは問題にならなかった。武家の権力を実際に握っていた前将軍夫人が兼良を後援したのだし、将軍夫人は代々、大臣家の日野家の出身だから公家に

異例の処置

兄弟一族がいた。また兼良には、その学芸によって恩をこうむっている公家衆もあった。かれこれ公家・武家の有力者は多く兼良にひいきしたのである(『康富記』)。しかし、根本は日野重子の権勢をおそれたのであった。まさに女人の政治容喙《ようかい》であったし、兼良はこれを利用したのである。手段はそのえらぶところでなく、ここに兼良は宿願を達したのである。内覧《ないらん》・氏長者を兼ね、兵仗《へいじょう》・牛車《ぎっしゃ》の宣下を蒙って、名実ともに執柄の位に登ったのである。このときは、兼良の学問も役立ったようである。宝徳二年(一四五〇)には太政大臣を辞すが、関白の座には享徳二年(一四五三)四月まで在った。その六月には准三宮《じゅさんぐう》(准后(じゅごう))の宣下を蒙り、いっそうの栄誉をになった。このころ、兼良の長子の教房《のりふさ》は三十一歳に達し、正二位・内大臣に昇進しており、五十二歳の兼良は隠居の時期となっていたのである。

寛正二年(一四六一)十二月、近衛房嗣が太政大臣に任ぜられた。すでに関白は一条教房、左大臣は将軍義政、右大臣は近衛教基《のりもと》であった。房嗣も、太政大臣の要職を始めて得たのであり、兼良の官歴に対抗しようとしたものであろう。間もなく房嗣はこれを辞している。

関白に再任

やがて兼良は、応仁元年（一四六七）五月に再び関白の詔を拝した。これはその前年に、二条持通《もちみち》がその子の政嗣《まさつぐ》に関白を譲ろうとしたのを押しとどめて、自らこれに坐ったものである（『後法興院政家記』）。摂政とあわせて第三度である。六十六歳の老齢であった。この年正月には京都上御霊社《かみごりょうしゃ》の森において、畠山政長《はたけやままさなが》と同義就《よしなり》との合戦があり、応仁の大乱の開幕があった折柄である。兼良も乱を避けて、翌二年八月には奈良に疎開してしまった。後花園法皇が御書や御詠《ぎょえい》を以てその帰京をうながされたが応ぜず、文明二年（一四七〇）七月に奈良から辞表を奉った（『大乗院寺社雑事記』）。もちろん、この就任は拝賀もなかったし、名目ばかりのものであった。

摂関の争奪

兼良の執柄《しっぺい》への道は坦々たるものではなかった。壮年時代には先輩がその座を満していたし、いよいよその機運が熟した頃には、初めは差をつけていた同じ年

兼良と房嗣牽制しあう

齢の近衛房嗣に追い抜かれてしまった。これを追い落すためには、将軍未亡人に嘆願し、その女人の権力にすがるという非常手段さえとっている。房嗣との競争が、第三者の立ち場にあった先輩の在位を長からしめたような傾向もうかがえる。しかも、ともに二度・三度という還任《げんにん》が見えない（兼良に再任があるが、のちの異常の時期である）。ということも、この両人の対抗が、第三者にいわゆる漁夫の利を得せしめるのかたちとなったものと思われる。享徳二年に兼良に代って関白となった二条持通が、応仁元年に至るまで十五年間も、関白あるいは太政大臣として執柄の座にあったことと考えあわすとよく事情が知れる。もちろん、享徳三年にはしばらく鷹司房平が関白に任ぜられたし、すでに兼良の子の教房も、長禄二年（一四五八）から寛正四年（一四六三）まで関白に任ぜられた。しかし、その間、持通は関白を譲れば内覧とか太政大臣として依然廟堂にあった。そして、また関白に復するというものであった。あながち、兼良にはその子の教房が壮年になっていたので代りとなったともいえなかろう。なお、奇《く》しくも近衛房嗣の子の教基が教房と同年齢であって、教房に次いで大臣へと昇進してきたが、この教基は夭折《ようせつ》するので、教房と教基との競争は生じなかった。

兼良は近衛房嗣を抑えた。非常手段さえとったすえであるが、執柄の地位を長

〔参考〕五摂家略系図

藤原忠通
- (近衛)基実—基通—家実
  - (近衛)兼経……兼嗣—良嗣—房嗣
    - 教基
    - 政家……
  - (鷹司)兼平……冬通—冬家—房平—政平……
- (九条)兼実—良経—道家
  - (九条)教実……経教—満教
    - 政忠
    - 政基……
  - (二条)良実……良基—師嗣
    - 満基
    - 持基—持通—政嗣
  - (一条)実経……経通—経嗣
    - 経輔
    - **兼良**
      - 教房
      - 冬良……

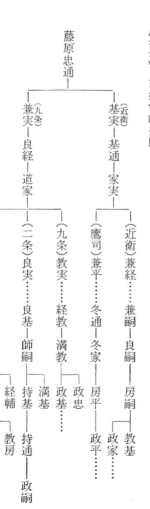

兼良は勝気で人望なし

く保てたというほどでもない。この兼良の子に奈良興福寺大乗院門跡尋尊《じんそん》大僧正がある。尋尊は長寿を保ったし、興福寺別当の再任・三任がこのころの例だったが、初任のみで再任のことはない。兼良父子は、学者としての血筋はすぐれていたことは事実であるが、器量以外の徳望というようなところには、何かしら欠けるところがあったのであろうか。冷たさがあったのかも知れない。

ともかく、兼良はいわば位は人臣をきわめることができたし、むしろ公卿の仕事といえばそれだけといえる学芸においても、その第一人者となることができたのである。当時、将軍家の黒幕的権力者となっていた蔭凉軒真蘂《いんりょうけんしんずい》も、兼良を「大才」と評している(『蔭凉軒日録』)。応仁の乱の直前、文正元年(一四六六)のころである。兼良としてはその得意の時代であった。

三　奈良疎開

応仁の乱は長期戦となる

東寺に避難す

文庫桃華坊火く

伝世の記録文書を失う

奈良に下向す

応仁の乱は長期戦となったし、その戦火で京都市中はつぎつぎに焼亡《しょうもう》した。田舎にゆかりのある貴族や有力な町人は京都をすてて疎開した。

戦乱がぼっ発して間もないころ、応仁元年五月に関白に還補《げんぽ》された兼良も、その八月、京都はずれの小野の随心院《ずいしんいん》門跡に避難した。ここの門主《もんしゅ》は厳宝《げんぼう》といい、兼良の息子だからである。しかし、翌九月には、その一条室町の邸宅が文庫の桃《とう》華《か》坊《ぼう》とともに焼失してしまった。累代《るいだい》の記録は、かねて毘《び》沙門谷《しゃもんだに》の光明峰寺《こうみょうぶじ》に疎開していたが、それでも残存していた多数の文書・記録類を焼失した。現任の関白であったし、主上は室町将軍邸におられたので、兼良はなお在京した。

しかし、東寺の在所である九条附近も安全ではなくなった。そこでいよいよ京

成就院を宿所とす

大乗院址

都に見きりをつけ、奈良に疎開した。奈良には興福寺大乗院門跡にその息の尋尊が門主となっていた。応仁二年八月、兼良は孫の権大納言政房《まさふさ》や女中・家人《けにん》らを引つれて大乗院門跡である禅定院《ぜんじょういん》に下向《げこう》した。すでに門跡には前年八月から夫人小林寺殿《しょうりんじどの》中御門氏(東御方)と長男の前関白教房とが寄寓していたのである。

尋尊は兼良一族を迎えて、門跡の隠居所である成就院《じょうじゅいん》をその宿所にあてた。そこへ尋尊には兄に当る随心院厳宝も兼良の後を追って下向してきた。間もなく、教房は和

教房土佐に下る

泉(大阪府)の堺から土佐(高知県)の幡《はた》多庄中村(中村市内)へ旅立ち、政房は摂津福原庄(神戸市内)に赴き、十六歳の姫君(秀賢(しゅうけん))は奈良法華《ほっけ》寺《じ》へ弟子入りして去ったが、兼良の家族は多かった。のちに尋尊が、両三年にわたり、しかも、いつになったら済むのかわからずに、この大家族を養うのは門跡として迷惑至極だと悲鳴をあげたのももっともであった(『大乗院寺社雑事記』)。

興福寺の門跡院家は藤原氏の管領

寺院の貴族生活

元来、南都の諸大寺、とくに興福寺には、摂関家以下公家衆の子弟が寺僧となっていた。摂関家は一乗院・大乗院両門跡、公卿諸家は諸院家《いんげ》をそれぞれ管領するという体勢にあった。門跡・院家は寝殿造りの貴族住宅を構えていたし、衰運とはなっていたが、荘園を多く持ち、財力に恵まれていた。貴族子弟は入寺したのだから出家の身とはなるが、むしろ貴族以上の生活ができたのである。いったん京都に戦火がおこり、避難するとすれば、貴族たちがその一族の豊かに生活している奈良に疎開しようとしたのも当然である。このころ、奈良よりは堺の方が活気があったが、環境からいえば、堺は町人の町であったから、貴族たちは奈良を最適の疎開地としたわけである。

公卿ぞくぞくと奈良に疎開す

兼良と前後して、前関白鷹司房平・政平父子、同近衛房嗣・政家父子、前内大臣九条政忠、同西園寺実遠《さねとお》らをはじめ、数多くの貴族たちが奈良に疎開した。貴族たちには疎開という不自由はあったが、戦乱のよってきた所以《ゆえん》や深刻さなどの省察には欠けていたので、奈良でも詩歌《しいか》管絃《かんげん》の遊びや物詣《ものもうで》に日をむなしうするのであった。これには、奈良の寺僧らも加わったし、実力の加わった田舎武士も召された。また芸能の徒も、貴族をしたって下向してきた。応仁の乱による貴族の疎開で、奈良は京都に代って文化の中心となった感がある。

奈良は学芸の中心地となる

兼良は奈良疎開でいっそう学問に精進ができた。兼良の生涯の名作である『花鳥余情』は文明四年(一四七二)に成るが、『日本書紀纂疏』もその前後の著述であり、奈良疎開中に完成したのである。奈良に疎開した時に兼良は六十七歳の老齢であったから、それ以後にこの大作を完成したのであった。その精力には驚嘆すべきものがある。事実、この老人は体力にも恵まれていた。文明三年（一四七一）には満七十歳で側室の三条局に懐妊させて女子をもうけているし、さらに同八年にも女子が生まれている（『摂家系図』）。このとき兼良は七十五歳である。この壮者をしのぐ元気は稀有《けう》のものだし、かくてこそ大作を著述できたといえよう。同十三年（一四八一）に八十歳で死去するのだが、その三月二十六日に風邪を発病し、不食《ふしょく》が七日に及んで四月二日に臨終となるという壮年者の急死をしのばせるものがあった。老衰にはちがいないが、むしろ急病でたおれたといっていい。

七十五歳で子女をもうく

健康に恵まる

奈良で生活に恵まる

奈良に疎開のころ、兼良は現任の関白であった。しかし戦乱で朝儀も行われなくなったし、天皇も将軍邸に避難されているのだから、関白の職も有名無実であった。もちろん関白の渡領《わたりりょう》荘園からの収益などすでに皆無に近かった。応仁二年七月、その奈良下向直前のこと、兼良は関白として、その渡領の大和（奈良県）仲川庄を多武峯《とうのみね》に寄進している。後普光園院《ごふこうおんいん》摂政（二条良基）の例にまかせての寄進だといっている。しかしこれに対し同じく摂関家に関係のあった法成寺《ほうじょうじ》（一九三ページ参看）が異議をとなえて、その仲川庄の公文《くもん》（庄園の役人）が押妨《おうぼう》したので、文明三年三月には関白二条政嗣が重ねて多武峯領たることを確認している（『談山神社文書』）。これは、むしろ現地の武士の押妨といえるものであった。

かくてその邸も焼け、文庫も焼けたので、兼良はその職に未練もなくなったし、むしろその身の危険をおもんぱかって奈良に疎開してしまったのである。疎開中の兼良は、疎開の公卿のうちで、一乗院門跡に入った近衛房嗣と同じく、大乗院門跡に入ったため、最も恵まれた生活ができたので、その居心地は良かった。そのうえ、学者であったことから、趣味に生きられたし、一般の公卿以上に尊敬が得られた。世事の煩《わずら》いなく著述ができたのである。

記録文書の奈良疎開

兼良は奈良疎開のさい、かねて京都で光明峰寺《こうみょうぶじ》に疎開しておいた一条家伝世《でんせい》の記録六十二合を持参している。そのほか、手沢本《しゅたくぼん》は持参したと思われるから、いちおう必備の書物はその座右にあったと見られる。この一条家伝世記録を、疎開して間もなく、応仁二年閏《うるう》十月に大乗院門跡に納めた。その時の目録によると、

目　録

玉葉八合正本、○兼実の日記、　殿御記一合正本、○良経の日記、　玉蘂七合正本、○道家の日記、　口筆五合正本、○実経の日記、
愚暦正本、○家経の日記、　玉英一合正本、○経通の日記、　荒暦正本、○経嗣の日記、　令負一合　黒日一合　寛
平御記一合小一条左府(師尹)筆、宇多法皇御日記、　順御記　文徳実録一合　律令格一合　延喜式一
合同儀式、　西宮・北山一合　江次第二合　小右記六合　日本紀一合　太宰一合
即位・大嘗会等の記を収む、　諸次第小宰一合　節会大司空一合　小司空一合官奏の抄物を収む、　叙位大司寇一合叙位
執筆抄、　女叙位小司寇一合女叙位執筆抄、　大宗伯一合除目抄、　小宗伯一合除目抄、　小司徒一合
胡曹抄一合　大嘗会新部類一合　改元新聚一合元服次第加入、

重要記録は焼失を免る

とある。この伝世記録のことは、兼良の一条家秘伝書である『桃華蘂葉《とうかずいよう》』にも、「当家相伝十二合文書」とか「当家相伝正記」として見える。伝世のうちに紛失

したものや、京都毘沙門谷の光明峰寺に疎開中に焼失したものも若干あったことがわかる。ともかく、相当の量の伝世記録が奈良に携行されていたのである。もっぱら保存のためのものであったが、必要にせまられれば、披見《ひけん》することもできたものである。この伝世記録は、大乗院門跡に納めたものであるが、納めたといっても保管を依頼したものである。文明七年六月の虫干《むしぼし》には、兼良も門跡に歩を運んでこれを監督している。その帰京後も、なお門跡に預け置いたらしい。例えば同十二年三月に、その息の一条冬良《ふゆら》の左大将拝賀があったときには、その四合を召し上げている。やがて冬良の代になってすべて返されたのであろう。

一条家が伝世した記録を見ると、九条兼実《かねざね》の日記である『玉葉《ぎょくよう》』以下、良経《よしつね》の『殿《との》御記《ぎょき》』、道家の『玉蘂《ぎょくずい》』などが見える。

さて五摂家の成立を見ると、摂関家藤原氏では、忠通の息のうち基実《もとざね》・基房《もとふさ》・兼実《かねざね》の三人がすぐれ、源平動乱期の政争の影響をうけて、それぞれ、摂関・氏長者《うじのちょうじゃ》の地位に昇った。このため、基実の近衛流と兼実の九条流との両流が生じた。やがて近衛流は近衛・鷹司の両家、九条流は九条・二条および一条の三家に分れる（四三ページ参看）。

一条家は九条流においては、九条家に嫡流《ちゃくりゅう》を譲るものである。ところが、上記のように、九条殿（師輔）嫡流である九条家が相伝すべき『玉葉』以下前掲の三記を一条家が相伝しているのである。この点については、『摂家系図』（一六二ページ参看）の一条家祖の実経《さねつね》の項に、「実経は父道家の愛子で、摂家数代の記録類を与えられた。そして嫡家として勅諚《ちょくじょう》があった」と記《しる》されている。ところで、九条家の祖教実《のりざね》、二条家の祖良実《よしざね》および一条家の祖実経の三兄弟は、父道家の在世中に関白・氏長者に任ぜられるという「希《き》代《だい》之例」までつくったほどの競争もした。そのうち末弟の一条実経が最も道家に愛されて、摂家文書記録を与えられ、そして嫡家の勅諚を蒙るということになった。ここに一条家に九条流嫡家の相伝すべき『玉葉』などを相伝していた理由がわかる。

なお、兼良がその息の冬良に書き与えた、一条家の当主が心得置くべき同家の有職の秘事および財産などを列挙した『桃花蘂葉』にも、『玉葉』『殿御記』『玉蘂』の三代記の真本（正本）は、円明寺殿（実経）が三家の嫡流として相伝せしめられたものであると見えており、『摂家系図』に説くところと一致する。

五摂家はもちろん、この九条流三家においても、嫡家争いは摂関職の争いと同じく、いろいろ問題をおこした。

法皇から帰京をうながさる

関白を辞退す

やがて、後花園法皇から帰京をうながされたが、それには応じなかった。文明二年（一四七〇）七月に、左大臣二条政嗣が関白の職をのぞんだので、前内大臣日野勝《かつ》光《みつ》らが兼良に辞退を勧めたが、これに対して兼良はあっさりとしたがっている（『大乗院寺社雑事記』）。かつて二条政嗣が父の持基の譲りをうけようとしたさいにはこれを妨げ、強引《ごういん》に自ら出馬したほどであった。辞退を勧めた日野勝光は、将軍義政夫人の日野富《とみ》子の兄で、当時の権力者であったし、これが二条家に有縁《うえん》で、二条政嗣を応援したのだから、兼良も辞退を余儀なくされたといえるが、その時勢では、関白の職には未練がなくなっていたことが真因であろう。

兼良の出家

この関白辞退で、もう兼良は廟堂に参ずる機会はなくなった。そこで一族のうち、大乗院尋尊などは兼良の出家をのぞんだ。かねがね、土佐（高知県）幡多庄《はたのしょう》に赴いていた息の教房は出家の志を持ったが、父が出家しないので素志《そし》が果されずにおるということもあって、尋尊なども兼良にしばしば勧めたのであろう。しかし、兼良は関白の職はすてたが、なお出家することはちゅうちょしたようである。文明五年（一四七三）五月に宿志《しゅくし》の美濃（岐阜県）旅行をすませると、急に決心がついて、六月二十五日に大乗院門跡で出家した。大乗院前門主の安位寺経覚《あんみじきょうがく》を戒師とし、いっさいは尋尊が奉行《ぶぎょう》した。時に七十二歳。法号を覚恵《かくけい》とつけられた（『大乗院寺社雑事記』）。

覚恵と称す

美濃に旅行す

兼良の美濃旅行は、その守護代斎藤氏の招待をうけたものであった。このころ、美濃斎藤氏は守護土岐《とき》氏に代る勢力を示し、当主の持是院《じぜいん》（斎藤）妙椿《みょうちん》などは中央政界の花形として活躍していたし、京都文化の領国への導入に努めていた。兼良にも早くから近づきを得ていたようであり、兼良が奈良に疎開してからも、しばしば美濃下向《げこう》を勧めた。文明二年二月には二千五百疋を贈ってきたほか、毎月五百疋を御膳料として進上することを約したほどである。

まず伊勢に下向す

かくて同年九月、兼良は美濃旅行を志し、長谷寺《はせでら》街道を経て伊勢(三重県)に赴き、伊勢から美濃に入ろうとした。この伊勢路をとったのは、兼良に好意を示す伊勢国司北畠教具《のりとも》をついでに訪《たず》ねようとしたものである。北畠氏は南朝の北畠親房《ちかふさ》の後裔《こうえい》だが、南北朝時代以降、多《た》芸《ぎ》城に拠って伊勢の大名として栄えた。また大和の宇陀郡もその勢力圏であったし、南大和の地侍たちのうち北畠氏に属したものも多かった。しかも、興福寺に対しても、藤原氏以外としては唯一であるが、源氏として東門院《とうもんいん》という院家《いんげ》を管領し、子弟を歴代院主としていたものである。

北畠教具の歓待をうく

したがって、奈良に疎開した兼良の動静もよく知れた。文明元年十一月には魚物《ぎょもつ》を兼良に音信《いんしん》したし、翌年正月にはその二百五十番連句の判詞《はんのことば》を請うている(この正本を寓目したことがあるが、現所蔵者については知見がない。)。この教具は、連歌をとくに好み、連歌師宗祇などを招いて城中に連歌会をしばしば催している。宗祇は兼良に師事していたし、兼良に金子を進じたりしている。かれこれ兼良が北畠教具を訪ねるに至った動機である。また教具が伝えていたその祖の親房の『職原鈔《しょくげんしょう》』に跋《ばつ》を加えているが(『職原鈔句解』)、これは伊勢下向以前のことかもしれない。この教具の許《もと》に至った兼良は、さらに美濃路を志したが、そのとき美濃斎藤氏の近江出陣が伝えられたため、断念して奈良に帰った(『大乗院寺社雑事記』)。この美濃旅行の念願を果したのが文明五年のことである。

この美濃旅行の紀行をつづったものが『ふぢ河の記』(「関の藤河記」ともいう)である。その息の随心院厳宝を伴って五月二日に奈良を立ち、山城(京都府)加茂《かも》に出て伊賀に入り、鈴鹿峠《すずかとうげ》を越えて近江(滋賀県)堅田《かただ》に至り、中山道《なかせんどう》を経て美濃鏡島《かがしま》に着いた。この鏡島には兼良の夫人の東御方《ひがしのおんかた》(小林寺殿)がその正月から下向していた。それにはその女の梅津是心院了高尼《うめづぜしんいんりょうこうに》が随行していたらしい。またその男の曼殊院良鎮《まんしゅいんりょうちん》も美濃に下向していた。東御方は斎藤妙椿の縁者かと思われるが、すでに四年十月に奈良を立って美濃に下ろうとし、その女の尊秀尼《そんしゅうに》が住っていた山城八幡《やわた》でしばし日を送り、

伊勢から引返す

美濃旅行の実現

ふぢ河の記

年初に美濃に至り、鏡島に庵居していた。この夫人に会うことも、兼良の美濃下向の目的の一つであった。ここで妙椿の歓待《かんたい》をうけ、その居城の革手《かわて》を訪《たず》ねたり、連歌その他の遊楽に興じた。しかし、斎藤氏も戦備に急で(『ふぢ河の記』)、領国も平穏ではなかった。たまたま応仁の乱の東軍の大将細川勝元が死去したとの報が至った。このため、戦局に変化が生じ、戦乱が激化したりすると奈良に帰れなくなるとの不安から、急ぎ帰途につき、同二十八日に奈良に帰着した。

この美濃旅行では、その道中、とくに伊賀の国(三重県)では守護仁木《にっき》氏の勢力も衰えて新関の乱立で悩まされたりした。また美濃滞在も快適なものではなかった。ここで世相《せそう》も知れたのであろう。それが兼良が出家を決意するに至った一因となったらしい。この旅行で兼良が満足できたことといえば、そのころ文人の間でさかんになった紀行文一巻をつくることができたということであろう。ここに兼良の文才を知るよすがに、この『ふぢ河の記』の一節を掲げておこう。その帰路のこと、眺望に琵琶湖の現われる番馬《ばんば》（場）の宿《しゅく》の記事である。

近江の国に番馬といふ所より、路をかへて南へ行、番馬を物の名にとりなして、

わくるのゝまた末遠き草葉には日かげの駒よしばし留れ

すりはり峠を南へ下るとて、右にかへりみれば、筑夫島《ちくぶしま》などかすかにみえて、遠望まなこをこらす、麓には神田といふ所の一つなき田などみゆ、又左の方には、聳えたる岩に松一木（本カ）ある、その下に石塔あり、西行法師が墳《つか》といひ伝へたるとなん、

南行数里下《る》ニ陽坡《を》一　西望平湖遠《く》不《ず》レ波《なみたた》
孤島屹然《きつぜんぞ》何所《る》レ似　琉璃万頃《ばんけい》一青螺《せいら》

旅衣《たびごろも》ほころびぬれやすり針の峠にきてもぬふ人のなき

西行が歌に、願くは花のもとにて春しなむそのきさらぎの望月《もちずき》の比《ころ》とよめることを思ひ出て、

いかにして松の影には宿るらん花のもとゝかいひしことのは

かねては、かの村に泊《とま》るべしと定めしかども、とかくして日も暮方になりぬれば、小野といふ所まで行て、其夜はさる小庵《こあん》に一宿しぬ、今春太夫《こんぱるだゆう》来逢《きあい》て、一声を出して覊《きし》

　　愁《ゆう》を慰め侍《はべ》り、
　　　枕ゆふをの丶をさ丶の短夜《みじかよ》も旅にしあれば明しかねつ丶

　兼良はその地位からいっても遠国への旅行はできなかったし、ようやく執柄《しっぺい》の地位を去ったのちは老体となってしまった。奈良で自由の身となってからも、伊勢旅行のあと、文明三年三月に吉野の花見に赴いたのみで、そのほかは奈良近郊の遊山《ゆさん》に限られている。美濃旅行のあとは、文明八年五月に長谷寺に赴いたのみである。この長谷寺へは、文明二年の伊勢旅行のさいに通過したが、奉賽《ほうさい》したものではなかった。

長谷寺に詣ず

長谷寺は観音の霊場として、またその観音が天照大神の本地《ほんじ》として知られたほか、菅天神《かん》(菅原道真)の最初の斎祠《さいし》という与喜《よき》天神があり、歌道の名所であった。ここには将軍家の同朋衆能阿弥《どうぼうしゅうのうあみ》(文明三年没)が流寓していたし、釈正徹《しゃくしょうてつ》(徹書記)の弟子長谷川正広《はせがわまさひろ》も身を寄せていた。ここも奈良に次ぐ文人の疎開地であった。ここへ兼良が参詣を志すのも当然である。この長谷観音の奉賽として『源氏物語』

長谷寺も文人の疎開地

学芸に専心

長　谷　寺

「玉鬘《たまかつら》の巻」を談義し、連歌千句一座を興行した（『大乗院寺社雑事記』）。この長谷寺は大乗院門跡の末寺であり、大乗院尋尊は長谷寺別当を兼ねていたので、尋尊も同行したし、便宜も多かった（同上）。

　出家によって兼良はいっそう学問に精進できた。京都に止住《しじゅう》することもできず、また公家の政務も行われなくなってはいるが、元気のあった兼良は、執柄の位にすっかり執着《しゅうちゃく》を絶ったともいえぬものがあった。しかし、この出家で、いちおう俗務は絶つことになったから、ひたすら学芸にたずさわれるというものであった。しかも、家領《けりよう》荘園からの収益は有名無実に近かったが、大乗院尋尊がともかくその生活をみとっていたから、生活にはこと欠かなかった。

奈良の学問的環境

生活がいちおう安定したうえに、奈良へは多くの公家衆が下向していたことが、いちめん、兼良の学問への情熱を刺激したのである。兼良がひとり静かに学問に精進し、往年の著作に改訂修補を加えるという環境もできていたが、それだけでは無聊《ぶりよう》であるし、学芸への情熱は失われがちになる。これらの公家衆が下向していたことは、その刺激となって効果的であったといえよう。公家衆らを交えた詩歌の遊びは慰安にもなるが、さらに学芸への情熱をそそったことはたしかである。

奈良における著作

『花鳥余情』の大著や『日本書紀纂疏』の名著もいちおうできたが、絶えず修訂も加えられている。『日本紀』などについては、文明五年正月から宿所の成就院において四条隆量《たかかず》に、六年七月には一乗院門跡において近衛政家に神代巻を談

南都百首

維摩会縁起

後花園院追弔のため華厳経を書写す

義しているし(『大乗院寺社雑事記』)、その五月には卜部《うらべ》家《け》本の神代巻を得て、校合《きょうごう》を行なっている(同奥書)。なお『源氏物語和秘抄』や『伊勢物語愚見抄』の修訂などを行なったし、同七年七月には、大和の名所を詠じた和歌集『南都百首』を『堀河院百首』になぞらえて自撰している。その花見・月見・菊見などの吟詠を集めたものである。もちろん、盂蘭盆《うらぼん》風流《ふりゅう》・猿楽能・曲舞《くせまい》などの見物もしばしばあった。

奈良の寄寓《きぐう》で、その社寺などが兼良の学殖《がくしょく》を容易に利用することもできた。門跡・院家が兼良をはじめ公家衆と詩歌の興をつくしたことはもちろんであった。さらに興福寺の『維摩会《ゆいまえ》縁起』や多武峯《とうのみね》の「多武峯縁起」などを作っている。とくに文明五年四月には、さきに大乗院尋尊が応仁二年に修復した弥勒《みろく》菩薩経に点を加えている(『大乗院寺社雑事記』)。この経文《きょうもん》は幸い現存している(京都市松本文三郎氏旧蔵)。

経文といえば、文明三年十二月の後花園院一周忌には『華厳経《けごんきょう》』第四巻を書写し、和歌を添えて御菩《ぼ》提《だい》を弔っているが、なおその十月には、美濃守護代斎藤妙椿の

大内政弘に伊勢物語愚見抄を与う

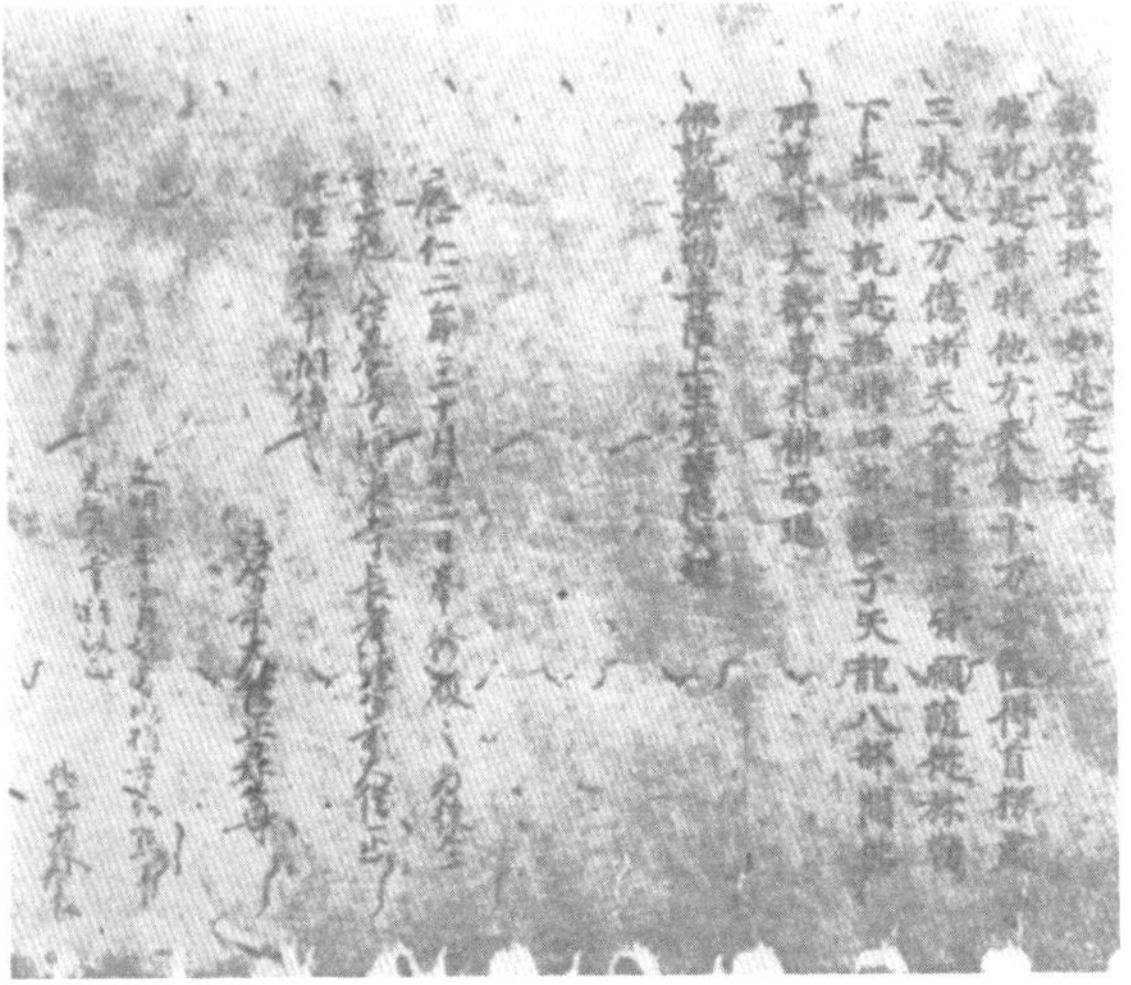

兜率天弥勒菩薩経奥書　（63ページ参看）

請によって、大乗院尋尊に『唯識経《ゆいしききょう》』を頓写《とんしゃ》せしめ、これに自ら奥書を加えている（『大乗院寺社雑事記』）。これはその美濃下向以前のことである。また伏見天皇宸筆『唯識三十頌』に奥書を加えたものもこのころであろう（西宮市黒川美術館所蔵）。

地方大小名の文化欲求のさかんになった折柄である。応仁の乱で地方大小名の上洛も多くなったという関係もある。斎藤氏もその一人だが、周防（山口県）の大内政弘など、文明四年五月には、兼良にその祖の義弘《よしひろ》の像

金春太夫を知遇す

に賛を請うているし（『大乗院寺社雑事記』）、同八年七月には『伊勢物語愚見抄』を与えられている（同書奥）。大内政弘は、西軍の大将として在京していたし、こののち兼良にしばしば金子を贈るのである。大内氏が中央文化をさかんに求め、その城下町山口が戦国地方文化の中心地として栄えたことは有名であるが、とくに政弘の代にその輸入につとめたということができる。連歌師宗祇《そうぎ》や猪苗代兼載《いなわしろけんざい》など、政弘をパトロンとしていた。兼良は宗祇を知遇したので、宗祇などしばしば兼良を慰問のため奈良に下向している。宗祇などが、兼良に政弘の請をとりなしたといえるだろう。

芸能人たちは、その芸能を中央・地方に広めるほか、中央・地方の交渉をうながすものである。その見聞など、中央人にも地方人にもそれぞれ迎えられた。宗祇など、その東国の見聞などを兼良に伝えたことであろう。しかし、貴顕《きけん》の門戸は固く、芸能人がその施芸《しげい》のほかの談話などは許されなかった。ところが、疎開生活などになるとその門戸も開かれてきた。兼良のもとへ、猿楽の金春太夫禅竹《ぜんちく》・宗《そう》

前将軍義政夫妻の禁裏七夕御歌合に判詞を加う

鈞《いん》父子が参入し、その知遇をうけたことが知られている。疎開中という幸運もあったことと思われる。禅竹は『桃華老人申楽後証記』を付与されたりしているし（『金春家文書』）、宗鈞は兼良が美濃からの帰途に近江（滋賀県）小野に宿ったさい、たまたま同所に至ったので、一声を出して旅情を慰めたという（五九ページ参看）。また謡曲の章句その他の故事などの質疑も許された（『粟田口猿楽記』）。このほか平家琵琶僧が兼良のもとに参入している。当時の芸能人たちは、芸道の樹立に努め、芸術理念の追求に熱心であったから、兼良のような碩学《せきがく》から古典の要旨を授かったり、助言を得ることをのぞんだものである。単に貴顕の前で演芸することの光栄のみではなかった。当時、一休和尚のもとに多くの芸能人が参じたことについても、同様のことがいえる。

ところで、将軍家においても、兼良の学殖を求めていた。ことに文明九年七月に、前将軍義政はその夫妻が参列した「禁裏七夕御歌合」の判詞《はんのことば》を兼良に求めた。その使者となって宗祇が奈良に下向している。

後花園法皇と兼良

後花園院の諡号を撰進す

公家が兼良を重んじたことは当然である。後花園法皇が兼良の帰京を切望《せつぼう》されたが、これは在京の公家衆たちの輿望《よぼう》であったといえよう。兼良も当初は奈良疎開も長期にわたるものでもなく、また用事には京都・奈良を往復すればよいというぐらいの考えだったらしい。週日ぐらいの予定で上洛を決めたこともあった（『大乗院寺社雑事記』）。しかし、京都の騒乱と道中の不安とで、上洛は実現しなかった。兼良自身にも、公家の長老という自負《じふ》があった。文明二年の年末、十二月二十四日という年づまりに後花園法皇が崩ぜられた。やがて年あらたまって、法皇の御諡号《しごう》を後文徳とすることがきまり、これが兼良にも伝えられた。さっそく兼良はその不適当なことを上申している。

恐らく兼良に相談がなく、在京の公卿たちできめたものであろう。その相談のなかったことの不満もあったろう。かくてあらためて兼良に下問があった。そこで兼良は後花園と後土御門との二案を答申した。すでに後文徳という称が決定されていたが、この兼良の撰進にかかる後花園の称が採用された。顕徳院の御追号を後鳥羽院と改められた例を追ったものである（『親長卿記』）。いわば兼良の横槍といえるものだし、兼良の地位というよりか、その学殖が重んぜられていたため、その主張が通ったといえるものである。もちろん、公卿のうちにも、また博士《はかせ》家の菅

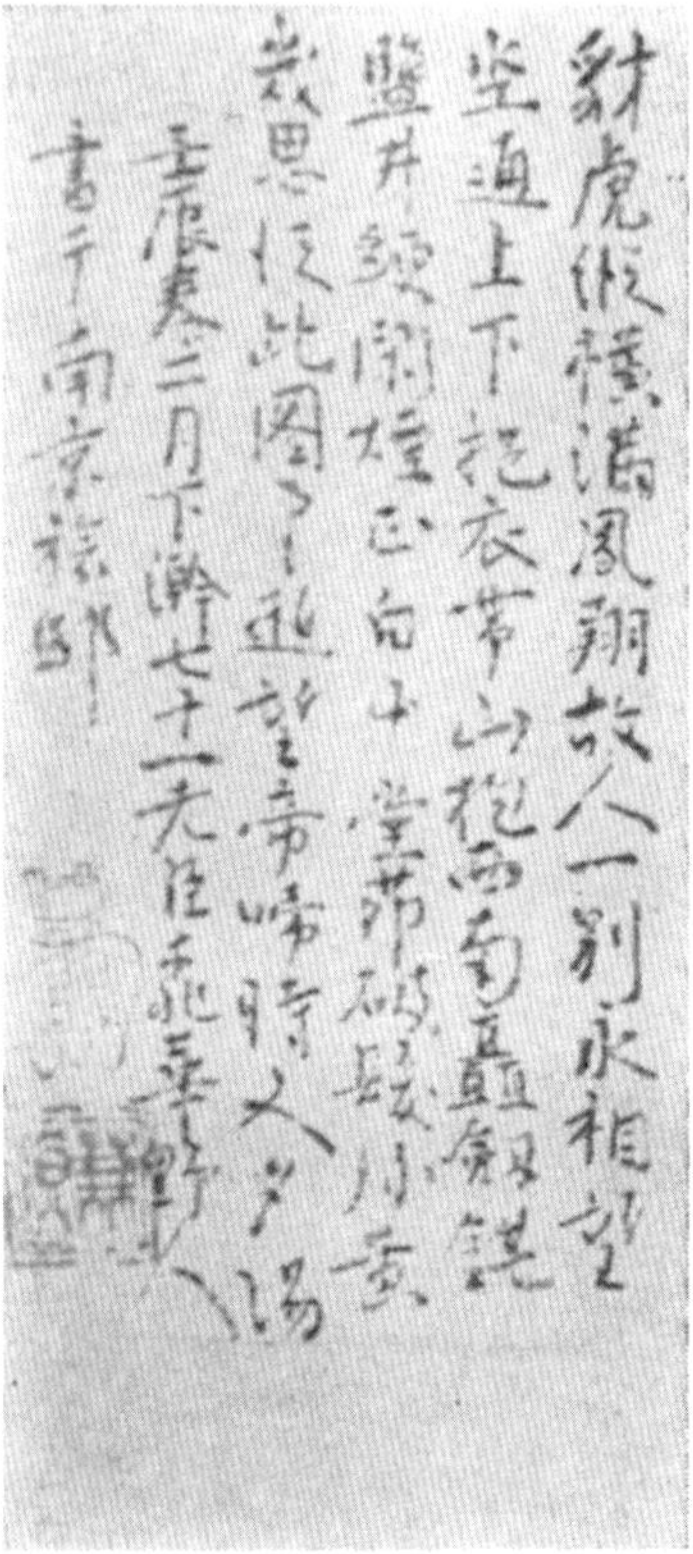

周文筆「蜀山図」賛
（岩崎小弥太氏旧蔵）

豺虎縦横満ニ鳳翔一、故人一別永相望。
江通ニ上下一挹ニ衣帯一、山抱ニ西南一矗ニ劔鋩一。
鹽井綆閑煙正白、艸(草)堂茆破髪弥黄。
幾思従ニ此図中一逝、望帝啼時又夕陽。
(文明四年)壬辰春二月下澣七十一老臣桃華野人
書ニ于南京旅邸一、(印文易相)□　(印文兼良)□
(ここに南京旅邸などとあるのが注目される)

豺虎縦横、満鳳翔(かけ)る、故人一別、永く相望む。
江は上下に通じ衣帯を挹《く》む、山は西南を抱きて劒鋩矗(なお)し。
塩井綆(つるべなわ)閑(のどか)にして煙正に白く、草堂茆《ぼう》(かや)破れて髪弥々黄なり。
幾たびか思う此図中より逝かんと、望帝(ほととぎす)啼いて時に又夕陽。

公家武家ともに兼良の上洛を勧む

原氏、官務《かんむ》・局務《きょくむ》の学者たちはおったが、結局は兼良の発言にその決定がかかっていたという状態であった。この官務家の小槻晴富《おづきはるとみ》の依頼により、翌八年末には、その文庫の由緒を記した『壬生官庫記《みぶかんこき》』を与えている。

兼良が奈良に去っていることは、公家にも武家にも不便であった。戦乱中とはいうが、しじゅう戦があるわけでもないし、その騒乱になれてきたのである。また恒心《こうしん》を失なって刹那《せつな》の快楽をむさぼろうとしなかったともいえない。ともかく公家・武家も当時、むしろ文芸・遊宴に傾注した感がある。新興大小名たちはその精力の余力といえるが、同じくこれにならった。新興大小名の戦時生活を兼良の見聞記で実証して見よう。

大小名の生活の実状

十一日(文明五年五月)、正法寺の向ひに城(美濃革手城)をつき池を深くして、軍塁《ぐんるい》の構へをなせり、則ち舟を浮べて堀の内に至る、僧都(斎藤妙椿)常に居庵あり、山居のすまゐを学び、後園《ごえん》などあり、持仏堂は浄土の三昧《ざんまい》をもとゝせるとみえたり、名作の本尊ども多し、此たび庵号を求しかば、法城と云二字を書遣し侍《はべ》り、斎藤新四郎利国は、僧都の姪《おい》ながら猶子《ゆうし》にせり、其人の館《やかた》に行てみ侍れば、いづくもかき払ひて、武具ども取並べ、なに事もあらば則ち打立べき用意也、去《さり》ながら又、風月・歌舞の道をすてざると見えたり、此所にして酒宴の興を催す、美伊法しといふ土岐《とき》美濃守源成頼《しげより》の息男、生年《しょうねん》九歳なり、

回雪《かいせつ》の袖を飄《ひるが》へす、むまれながらにして天骨《てんこつ》を得たり、（下略）

十二日、猿楽あり、彦春といふ猿楽也、一場はて丶後、美伊法師、又舞台にて袖をかへす、猿楽には遙にまされるよし、人皆感じけり、僧都も興に入《いる》、ことはりと覚えたり、（『ふぢ河の記』）

ことに将軍義政周辺では文芸の興はさかんであった。それゆえ、兼良の上京は将軍家ものぞむところであった。しかし、兼良にして見れば、将軍家が邸宅をくれたり、その生活を保証するというのでなければ上京はできない。それが得られる見込みはまだなかった。また京都の治安状態には、なお兼良も上洛をちゅうちょするほどであった。

応仁の乱終る

やがて兼良に帰京の機がおとずれた。応仁の乱がいちおう終息したためである。これよりさき、文明五年に細川勝元・山名宗全の東西両雄が病死したあと、将軍家は東軍として畠山政長らが支え、足利義視《よしみ》を奉ずる西軍は大内政弘が総帥《そうすい》した。

兼良上洛す

その年には、この義視は、兼良にその出処進退について参考意見をきいている(『大乗院寺社雑事記』)。九年十月に至ると、大内政弘が将軍家に帰参するし、翌十一月に政弘は兵を収めて下《げ》国《こく》してしまったので、義視は土岐成頼《しげより》に伴われて、土岐氏の領国美濃(岐阜県)に退いた。ここに十一ヵ年に亘る応仁の乱が終った。もちろん、京都でもすっかり平穏となったわけでもないし、地方では戦乱がいっそう激しくなっていた。しかし、ともかく足利義視が没落したことで、貴族たちは戦乱の終りと感じたのであった。後土御門天皇は、戦勝を賀して義政に剣を賜い、義政も剣を献じて答礼するし、公卿・廷臣・僧俗も将軍家に参賀した。はじめ奈良に疎開していた公卿たちも、京都の治安をおもんぱかって上洛は見合わせていたが、漸次《ぜんじ》参賀に上洛したので、兼良も同十二月十七日に上洛し(『大乗院寺社雑事記』)、妙観院を宿所とした(『長興宿禰記』)。出家・老体ではあったが、周辺の公卿たちが上洛するのを見ると、静観もできなかったらしい。多くの公卿は参賀してなお下向してくるので、兼良も参

義政、兼良に家領の返付を約す

小塩庄を返付さる

宿所を定む

賀のための往来と考えて上洛したようである。しかし、上洛すると、公家はもとより、義政らに越年を勧められた。文芸・遊楽にふける義政らは、一条家領の還付を約束したりして、兼良の在京をとくに望んだのである。もとより兼良も文芸指導は欲したところである。さらに威令は行われなくなったが、兼良はなお将軍家の権威は重視している。兼良はその上洛直後、毘沙門谷の光明峰寺《こうみょうぶじ》の復興かたがた、家領《けりょう》の山城《やましろ》（京都府）小塩《おしお》庄の返付を伊勢盛種《もりたね》に命じてもらうこともできたのである。事実、その実効はないのであるが、兼良はずるずると滞京してしまった。その家族も上洛させた。この文明九年末の上洛で、応仁二年八月以来、十ヵ年に及んだ奈良疎開が終った。翌十年正月には、細川政元の家臣茨木《いばらぎ》某の宿所に移ったし、三月には管領畠山政長から室町幕府の焼跡の東にその陣屋のあったのを進上されてこれに移った（『大乗院寺社雑記』）。しかし、この地は二十五坪ほどのものであったから、見すぼらしいものであった。かねがね、兼良を師と仰ぎ、生活資金の贈与さ

窮迫の生活

えしていた連歌師宗祇は、奈良の大乗院尋尊にその惨状を伝えている。しかし、今さら奈良への再下向は外聞上《がいぶんじょう》かなわないともいっている（『大乗院寺社雑事記』）。宗祇は暗に尋尊にも救援を勧めたものであろう。こののち、八月に兼良は一条室町の旧地を

邸宅の復旧にかかる

庶民が横領しているのを幕府に訴えて返付を願った（『兼顕卿記』）。このころ、邸宅の復興を始めたのであろう。翌十一年正月には、土佐の一条教房から造営の用材が送られ、和泉（大阪府）堺港に到来した。この用材を河内（大阪府）の畠山義就《よしなり》が横領したので、奈良の大乗院尋尊が年余にわたって義就に談判していることが知れる（『大乗院寺社雑事記』）。規模はともかく、その一条室町邸の復興がはかられたことであろう（七九頁参看）。

奈良に遊ぶ

なお兼良は、上洛した翌年十一月、春日若宮祭を機会に奈良を訪ずれた。このときは長谷寺にも足をのばした。かりそめに上洛したのが永住となったので、別れの挨拶にあらためて下向《げこう》したものともいえる。下向すれば、もちろん相当の礼物をうけることができた。

四　一天無双の才人

帰京後、兼良はいっそう公家・武家から重用された。とくに、その老成の学殖が求められたのである。

応仁の乱が終って、京都は小康をえた。戦後の文化熱と相まって、時潮として平和の昔が回想された。

応仁の乱後、公家衆などの文化活動においては、復古主義も生まれてきた。その文化活動において、公家衆たちが先達《せんだつ》と仰いだのは兼良であった。当時、「禅《ぜん》閤《こう》は一天無双の才なり、三禅《さんぜん》は有職抜群《ゆうそくばつぐん》の臣なり」との評があった（『十輪院内府記』）。禅閤は入道した太閤ということで兼良をさしていい、三禅は三条入道すなわち前左大臣正親町《おおぎまち》三条実量《さねかず》をいうのであるが、もとより学殖は兼良に及ぶものではなかった。兼良のあと、公卿学者として名声をあげる三条西実隆が、ようやくその英才を示してきたが、いまだ二十四-五歳のころで、なお兼良の教授をうけるという時期であった。

武家は大酒

武家も実権は大小名に奪われ、将軍義政・義尚父子をはじめ、幕臣たちは大酒遊興に明けくれていた。連歌の名手としても知られている杉原伊賀守賢盛が衣服を入質してしまって参仕ができなかったり、将軍家参賀の僧が一斗入の盃などで酒を振舞われてへきえきしたという話もある(『大乗院寺社雑事記』)。武家に見られるものは、ただ貴族文化生活のみであった。そこで公家衆たちの請をいれて、寺社本所領復興政策を打ち出している。地方の大小名も、その勢力を増した結果でもあるし、また勢力を増すために都の文化に深い関心を示し、公家衆をはじめ専門文芸人を求めた。寺社本所領の再興は拒否《きょひ》したが、献金などにはむしろ努めた状態である。

貴族趣味の勃興

文芸人にしてもその輩出《はいしゅつ》があったし、需要者の大小名あるいは都市の町人らの趣味生活も進んだので、その技能上達のためには、文化源の公家衆に接近することも肝要となった。その禅家への参入も、もちろん文化吸収のためといえる。新旧いちように貴族社会への憧憬《どうけい》を強くした時期であり、復古調すら観取できるほどであった。いうなれば、平安貴族の生活とその文化とに対する憧憬であった。古典学者の兼良がいっそう迎えられたゆえんである。

源氏物語の談義

兼良が帰京後、まず開講したのは『源氏物語』であった（『親長卿記』）。一日は公家衆のため、一日は武家衆のために行われたし、また女将軍《じょしょうぐん》ともいえる義政夫人日野富子もその講義を求めたといわれる（『大乗院寺社雑事記』）。源氏に次いで、公家年中行事の古典である『江家次第《ごうしだい》』の開講があったり、会場はその息の随心院厳宝の坊が借りられたが、公卿廷臣を集めて和漢連句会が催され、これが月次《つきなみ》の会となっている（『後法興院政家記』）。平安貴族のあとを追うものといえよう。なお後土御門天皇にも『江家次第』の進講があった。そのついでに『古今集』も進講している（『御湯殿上日記』）。この

江家次第・古今集の進講

『江家次第』の進講はその死去によって完了しなかったといわれる(『長興宿禰記』)。なお公武から典礼などの諮問《しもん》はまっさきにこうむったし、歌什《かじゅう》の加点などを求められた。廷臣たちが詠草《えいそう》の内閲を請うこともあった(『兼顕卿記』)。漢籍や古典の講筵《こうえん》もさかんに開かれている。関白近衛政家らに対する孟子の談義も知られる(『後法興院政家記』)。

孟子

三合厄祈禳の御歌を奉る

これやこの三に合たるとし(年)ならん七日のはつ子(ね)春のたつ空　覚恵

おりにあふことは(言葉)の玉のひかりにはなにかは三のほし(星)もをよ(及)はむ　御製

文明十一年正月七日、その日は人日《じんじつ》(七種(ななくさ))であるが、初子《はつね》の日と立春《りっしゅん》とがかさなった。この三つかさなることは三合厄《さんごうやく》といわれ、凶害《きょうがい》のおこる歳とされた。右の贈答歌は、その七日の新年御会《ぎょかい》に、兼良が祈禳《きじょう》の念をこめて和歌を奉呈したのに対して、後土御門天皇が御製を以て嘉賞《かしょう》されたものである。この祈禳の効もなく、七月二日に御座所の北小路行宮《きたのこうじあんぐう》(日野富子の母の邸宅)が焼けた。天皇は難を聖寿寺《しょうじゅじ》(白雲寺)に

日野富子譲位を勧むとの説

避けられた。この火事は、土御門《つちみかど》皇居の復旧を幕府に督促するための公家方の放火という風説も生じたし（『十輪院内府記』）、義政夫人日野富子は、これを機会に天皇の譲位を勧めようとしたとの噂《うわさ》もあった（『十輪院内府記』）。事実、天皇は譲位の内意を義政に伝えられた。このとき義政は、皇居の復興を促進することで天皇を慰め奉ったので、譲位のことはなく、日野富子のあっせんによって侍従日野政資《まさすけ》の一条室町北邸に遷られて皇居の修理を待たれることとなるという事件であった（『御湯殿上日記』）。この火災のとき、兼良も天皇の御安泰を祝したが、御文庫文車《ふみぐるま》二輛を兼良邸、鳳輦《ほうれん》を一条殿に預け置かれたという（『晴富宿禰記』）。兼良の邸は室町花御所《はなのごしょ》跡の東にあり、一条家の旧地には冬良が邸宅を復興を期していたことであろう（冬良が一条室町邸に移ったのは長享二年である）。

将軍家に出入す

兼良は武家にも接近した。彼は義政・義尚父子の逸遊を不快視もしなかったし、義政夫人日野富子が将軍の権力をふるまっている女人政治も是認《ぜにん》した。富子が『源氏物語』の講義を求めたのに対し、兼良の息の大乗院尋尊などそれを不快としているが、兼良はなんら顧慮《こりょ》することなくこれを承諾している(『大乗院寺社雑事記』)。そのころ、この日野富子に『小夜のねざめ』を著述して贈ったり、文明十二年四月にはその息の将軍義尚のために『樵談治要《しょうだんちよう》』を贈っている。同時に『文明一統記』を著わした。政道を説いたものである。これよりさき、その前年に兼良は、その息の冬良が権大納言右大将となったのを機とし、一条家の有職《ゆうそく》の秘伝や家領《けりょう》のことその他を一書にまとめ、『桃華蘂葉《とうかずいよう》』と題してこれに与えている。治国斉家《ちこくせいか》を説くことは、兼良のいっそう満足したところであろう。

義尚に教う

冬良に桃花蘂葉を与う

兼良の学芸活動の生涯は、この一両年に集約された感がある。この活動は生活の資をもたらすものではあった。しかし摂家貴族の生活をまかなうほどではない。所領荘園が退転《たいてん》(失亡)した打撃が大きい。もはや幕府の政令ぐらいでは、恢復できぬものとなってしまった。皇室でも例えば文明十年十月のこと、御料所の貢租の進納を幕府に命ぜられたが、幕府としても直ちに応ずることはできなかった。天皇

兼良の活動は晩年の一両年に集約の感あり

皇室の窮迫

は幕府の不誠意を怒って譲位されようとした（『兼顕卿記』）。このとき、兼良は参内《さんだい》して諫《かん》止《し》している（『大乗院寺社雑事記』）。前将軍義政も驚いて御料所の回復をはかることを約したが、実効のあがるものではなかった。なお平常はともかく、臨時の大出費を要することになると、とうていまかないきれず、行事の延引となった。公卿廷臣のばあいでも同じである。兼良のばあい、その精神生活は満足以上の境地にあったが、

兼良も窮迫

物質面では窮迫というべきものだったろう。文明十二年には、公卿が将軍義尚に正月の賀に召されたさい、兼良は装束がないので参加できなかったほどである（兼顕卿記）。それゆえ、大乗院尋尊など送金を絶えず求められた。また美濃の斎藤妙椿《みょうちん》や周防（山口県）の大内政弘、あるいは連歌師宗祇などからも献金を仰いでいる（『大乗院寺社雑事記』）。

越前に下向す

文明十一年八月、兼良は越前（福井県）に下向《げこう》した。これは前年に右大将に昇任した息の冬良の拝賀の資金を守護朝倉孝景《たかかげ》にもとめようとしたものである。ここには家領の足羽御厨《あすわのみくりや》があり、これが守護《しゅご》請《うけ》となっていたが、孝景は長らく年貢を納め

尋尊旅費を贈る

朝倉孝景歓待す

なかったらしい。七十八歳の老体で旅慣れぬ兼良としては、その悲壮な決意からであろう。しかも旅費は大乗院尋尊に求めている。この大乗院門跡は越前に坪江《つぼえ》河口《かわぐち》庄という門跡領最大の荘園を有しており、朝倉氏とは深い関係にあった。恐らく足羽御厨の守護請も尋尊のあっせんであったろう。この兼良の下向にも尋尊は一書を添えていた。朝倉孝景は兼良を歓待《かんたい》した。孝景は連歌師の宗祇を招いたり、大和四座（金春・金剛・観世・宝生）猿楽の巡業を許すなど文芸への関心も高かったから、兼良にはとくに敬意を払ったろう。しかし、荘園の返付のことになると肯《がえ》んじなかった。それでも二万疋その他の重宝の寄進をうけ、二ヵ月の旅行を終えて帰京した。

兼良の越前下向は末代の恥辱

この旅については廷臣の間に反対や非難もあった。「さきには美濃に赴《おもむ》くし、いまは越前に下向した、一旦の潤沢《じゅんたく》を得んがために、末代《まつだい》の恥辱を招くものである、摂家の大老、才識兼備の誉《ほまれ》をえて公武の尊敬をうけているのに、この軽卒な振舞はもってのほかだ」というのであった（『晴富宿禰記』）。一ヵ月の旅とし、物詣《ものもうで》に托しての

その子厳宝も兼良の一徹に驚く

子の教房死去す

幡多庄一条教房遺址

いま高知県中村市。一条神社の丘①に接する。この丘は古代祭祀遺蹟。なお②は鴨川，③は東山。小京都といわれるゆえんである。

下向であった（『雅久宿禰記』）。つねに兼良に従って行《こう》をともにしていた随心院厳宝でさえも、耳の遠くなった老体のこの無暴には驚いて同行を拒否しているし、さらに領地回復の祈禱をせよなどとは時節がらおかしいことだといっている（厳宝書状）。兼良の頑固《がんこ》さがここに示されている。しかし、下向しただけの効はあり、当座の資金はえてきたのである。

気丈夫な兼良でも、よる年波には抗しえぬものがあった。とりわけ、文明十二年十月に土佐幡多庄に下向していた長子の教房にさき立たれたことは、それに気落ちをもたらした

兼良老衰す

死去

ろう。その前月の九月には、一条家の当主となっていた冬良の嫁《よめ》の父である二条政嗣も死亡した。身寄りの不幸が相次いでおこっている。兼良の体力も、まず耳が遠くなっていた。兼良にとっては、冬良が摂関に昇進し、氏長者の地位に坐ることがいっそう待たれたことであろう。しかし、八十歳に達した翌十三年になると、さすが身体は弱まったらしい。その二月下旬、禁中千句御会には、たっての御召なので、その中日《ちゅうにち》の二十四日にだけ参仕したが、発句をものしただけで、長座は叶わなかったという（『長興宿禰記』）。その二十六日には、自邸で蹴鞠会をもよおしているが（『後法興院政家記』）、ついに三月の月末、その二十六日にふと風邪の気を兆《きざ》した。咳《がい》痰《たん》も激しくなり、食物もとれなかった（『宣胤卿記』）。かくて週日に及び、四月二日に死去した（『後法興院政家記』）。公家の哀悼《あいとう》はもちろん、足利義政も、現世《げんせ》に執着がなくなったといって悲嘆したといわれる（『長興宿禰記』）。

この病中、兼良は、死期の近きをさとり、冬良に服忌《ぶくき》などのことを示したほか、諡号《しごう》は後成恩寺《のちのじょうおんじ》、葬礼は東福寺に行なうことを遺言《ゆいごん》している（『宣胤卿記』）。しかし、その臨終の日の早朝には、東福寺住持雲英首慶《うんえいしゅけい》に新任の公文《くもん》を書き与えたし、管領《かんれい》畠山政長の来訪をうけ、これに対面したり何かの文書に署判《しょはん》を与えた。そののち、頭を北、面《かお》を西に向けさせ、往生を遂げたと伝えられている（『大乗院寺社雑事記』）。西方《さいほう》浄土の弥陀来迎《みだらいごう》にそなえたものである。ここにも、気丈夫な兼良の面目《めんもく》がうかがえる。

兼良の墓（東福寺，右は冬良の墓）

東福寺に葬らる

その遺言にしたがい、十日に東福寺の塔頭《たっちゅう》の普門寺で葬儀が行なわれた（『大乗院寺社雑事記』）。

子の尋尊の追悼供養

兼良の子息のうちで最も恵まれていた大乗院尋尊は、奈良で仏事を行なった。さきに違例《いれい》の報に接したとき、同じく兼良の女である法華寺秀賢尼《しゅうけんに》は春日社祈願のために出向いてきたが、尋尊はとくに神社に祈願するというほどでもなかった。しかし、訃報《ふほう》が至ると、門跡を出て成就院に移り、ここに祭壇を設けて諸方の弔問《ちょうもん》をうけた。いち早く、長谷寺から十五貫文を借用し、坊官を代理として上京させている。そののち、京都から追加の要請があったので五貫文を上せている。もちろん、大乗院の末寺の諸寺や、被官である大小名たちの香奠も多額に上った。とくに尋尊は、兼良が長く奈良に在住したことでもあり、恐らく生前からの約束となっていたろうが、兼良の分骨を奈良の諸寺に納めることになった。四七日忌に大安寺・不退寺《ふたいじ》から西のかたの諸寺へは法華寺秀賢尼が納め、眉間寺《みけんじ》・極楽坊から東の六ヵ所には尋尊が納めた。とくに尋尊が墓所と定めていた極楽坊には金の五輪塔に納骨し、その曼荼羅《まんだら》堂に安置させた（『大乗院寺社雑事記』）。

兼良を葬送した東福寺では、石塔を早く建てることを望んだ。しかし、兼良の

子息ら葬儀料を上す

分骨

石塔も建てられず

葬儀費にも一条家では事かいたようである。東福寺に供える布施も、亡父の一条経嗣の時は二百貫文であったが、この時は三十貫文であったことからも知れよう。五月初旬、武者小路《むしゃのこうじ》大納言資世《すけよ》が勅使として遣わされて、香合《こうごう》などの下賜があったが、これに応対する殿上人もなかったといわれる。一条家に仕える殿上人も、得分《とくぶん》がないのでよりつかなかったものであろう。仏事料も大乗院尋尊をはじめ、竹内門跡曼殊院《まんしゅいん》良鎮・梅津是心院了高尼などの子女が寄せたし、また美濃の斎藤妙椿の息持是院《じぜいん》妙純は千疋を上せている。さらに良鎮は石塔作事料として五百疋を寄せている。かくして、兼良の葬送も終えたが、摂家の葬儀としては簡素《かんそ》なものであった。その子女が、ともかく大寺に住持していたことや、学芸の面で大小名の渇仰《かつごう》をうけていたことが、かような急場をしのがせたといえよう。

兼良は関白太政大臣従一位の極官《ごくかん》・極位《ごくい》に昇り、准三宮《じゅさんぐう》の殊遇《しゅぐう》をうけた。また公卿としては当然といえるが、その学芸の精進は、その才能と摂家の家柄や地位とが相まって、五百年来の大学者との名を輝かし、公武の尊敬をえた。とくに学芸における令名が、その公家における長老の座を不動のものとしたといえる。しかし、社会変革期に際会したため、とくに晩年において戦乱に邸宅を失ない、奈良疎開があったし、家領荘園の崩壊から経済窮乏が迫ってきた。また家庭的には恵まれたものでもなかった。とはいえ、現実に生活の酷《きび》しさに直接に体当りする庶民とはその位置を異にしていたため、これらに痛烈にさいなまれることはなかったろう。偸安《とうあん》ともいうべきものであろう。ともかく、公家の長老という地位と学者冥加《みょうが》とから、いちおう満足すべき生涯を全うしたといえよう。

兼良の事跡

兼良の事跡を摘記したものに『後成恩寺禅閤事跡』(『東山御文庫記録』)がある。それには次のように記されている(原文は漢文)。

一摂関度々の年序

永享四八十三摂政初度卅一、文安四六十五関白第二度四十六、応仁元五九関白第三度六十六、

一　准后宣下《じゅごうせんげ》年紀
享徳二六廿六勅、年官年爵、一に三后に准じ食邑《しょくゆう》三千戸を賜う、
一　極官位《ごくかんい》の年紀
文安三正廿九太政大臣四十五、　応永卅二正五従一位廿二、
一　落飾《らくしょく》の年紀
文明五六廿五、大乗院において出家七十一歳、　戒師法務前大僧正経覚、法諱《ほうい》覚恵《かくけい》、
一　薨逝の年紀
文明十三四二、春秋八十、三月下旬の比《ころ》より寝膳《しんぜん》例に乖《そむ》き、鍼艾験《しんがいげん》無し、終焉《しゅうえん》の期に臨んで常の寝所を去り客亭に退出す、首を北にし右脇に合掌して薨ず、
一　帰依宗《きえのしゅう》の事
禅・浄土の二門を以て平生《へいぜい》帰依の宗となす、金剛般若経普門品を毎朝の持経《じきょう》となす、
また無量寿仏宝号を唱えて毎夕懈《おこた》らず、
寿像《じゅぞう》の自賛に曰く（中略）
一　公事《くじ》参勤の年紀

応永廿六年、嵯峨宝幢《ほうとう》寺供養に初出仕、
同廿七年、叙位執筆を勤む、爾来《じらい》、三節会《せちえ》・叙位・除目《じもく》等の執筆を数度に及んで勤仕、
宝徳二正十六、踏歌《とうか》節会《せちえ》内弁を勤む時に関白太政大臣、

一禁中洞中晴御会作詠の事
永享九十廿一、室町亭行幸事、三船御会詩歌を兼作、幷に和歌序を献ず時に摂政、
寛正五十二、仙洞三席御会詩歌を兼作、此の外、禁中洞中和歌御会幷に御連歌会等に度々席を接す、

一勅撰集の儀
永享十一年、勅撰和歌集新続古今和漢序を綸命により兼ね作る、

一歌道相伝之儀
後京極(良経)摂政以来、代々相伝す、別に師範なし、但し冷泉大納言持為卿家礼《らい》として志を通ずるの事あり、

一神道相伝之事
日本紀卅巻を成恩寺(一条経嗣)関白また卜部兼熙卿以来相伝す、神道においては別前の相伝な

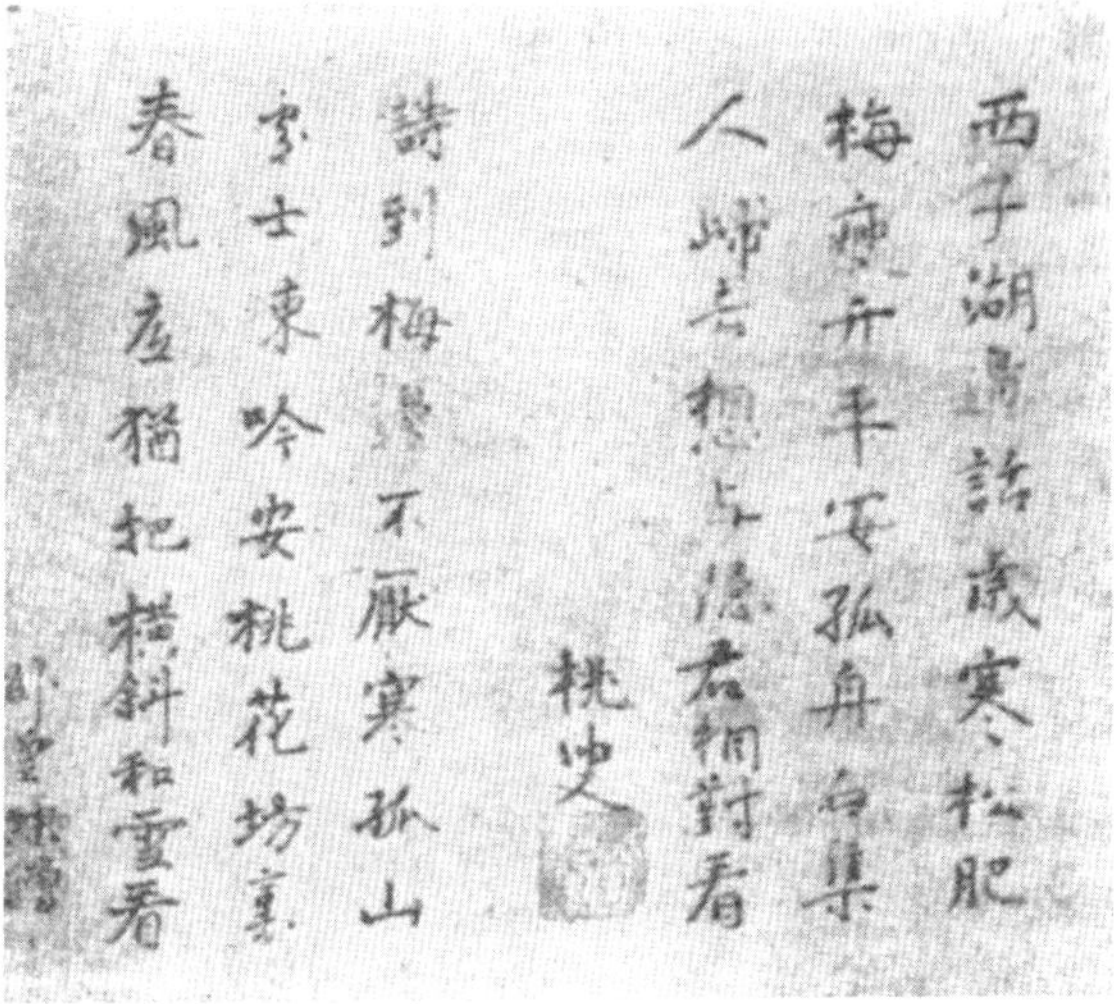

文清筆「湖山図」賛（正木美術館所蔵）

西子湖辺話二歳寒一、松肥
梅痩竹平安、孤舟白集
人帰去、想与二隠君一相対看
（印文兼良）
桃叟□

（瑞渓の賛は略す）

西子湖辺、歳寒を話す、
松肥え梅痩せ竹平安なり。
孤舟白く集人帰り去る、
想う隠君と相対看するを。

き歟、
一注釈書籍事和漢に渉り数部あ

兼良の号

りと雖も、令・江次第抄・神書纂疏・重編職源等を詮要となす、此の外、和字抄・
花鳥余情・愚見抄・連歌式目の如き類はあげてかぞうべからず、

一 柳営《りゅうえい》に参会の事

永享四七、任大臣大饗の尊者となる時に左大臣、

十月六日、北野社一日一万句連歌序を武命によって書き進む、

此の外、和歌幷に連歌会、春花秋葉の遊覧、宴筵《えんえん》に接すること度々に及び畢《おわ》んぬ、

これが兼良の履歴書ないし業績一覧である。なお、その著作等においては、桃華老人・桃華野人・桃華居士・桃叟あるいは三関《さんかん》老人の称や東斎の号を自ら用いた。桃華はその居所を桃華坊と称したり、多くこれを用いている。三関の称のいわれは詳《つまびら》かでないが、恐らく摂関を三たび勤仕したことによるものであろう。東斎は例えばその著『東斎随筆』によっても知られる。また雅称として一字名をもっていたが、それは槐《かい》あるいは松と伝えられている(『顕伝明銘録』)。

五　古典学者

朝儀典礼の研究

兼良の学問は公事《くじ》に関するものから始まった。公事というのは朝儀・典礼のことである。武家政治が行なわれ、公家は政治の座を離れたが、朝儀は室町時代初期には復興が進んでいた。公家年中行事は、むしろ繁を加えたといってよい。また舞楽《ぶがく》・和歌・和漢連句・連歌の御会は、年中行事として確立し、公事というべきものとなっていた。公卿貴族の子弟としては、文芸にわたる公事の修練を専らにすることが、将来の立身の道であった。もの心がつけば、まずその学問を授けられた。それぞれの博士《はかせ》が招かれ、その教授をうけたのである。

文芸の修練

処女作は公事根源

兼良の学問が、公事に関するものから始まったのも当然である。その十九歳のとき、白馬節会《あおうまのせちえ》の白馬をアヲウマと読む典拠を将軍義持に答えたということは前

江次第・職原抄の抄物

述した。さらにその二十一歳のとき、応永二十九年（一四二二）には処女作『公事根源《くじこんげん》』を著述している。この『公事根源』は、兼良の著作でないという異論もある。祖父の二条良基の年中行事歌合《うたあわせ》の判詞《はんのことば》だという説も江戸時代にすでに見える（『年山打聞』）。仁和寺に伝えられた一本には、『仮名文年中行事』とあったようだが（『仁和寺御記抄』）、これは後世、その書物の表紙を失ない、表紙の新加のさいにこの名がつけられたものであろう。文亀三年（一五〇三）に持明院基春《じみょういんもとはる》が正本《しょうほん》をもととして書写し、これを兼良の作としている。もちろん、『公事根源』の名を用いている。厳密にいえば、兼良の著作とはいえぬかも知れぬが、この種のものは、いちおう著作というべきものであろう。兼良には『江次《ごうし》第《だい》』や『職原抄《しょくげんしょう》』などについての著作があるが、いずれも抄出して若干の補註を加えたものに過ぎない。しかし、抄出じたいが、いちおうの著作であろう。ともかく、『公事根源』などが処女作に近いということからも、兼良の学問がこの方面から始まったということが知れよう。

貴族子弟の学問

兼良の『江次第抄』には、永享十一年(一四三九)正月に談義のために抄出したというのがある。これなど、同年三月に十七歳で権中納言に直叙されたその長子の教《のり》房《ふさ》に談義するものであったかも知れない。博士たちを招いて、その子弟の教育に当らせるわけだが、兼良は自らこれを行なったろう。こののち、教房の嗣子としたその子の冬良には、『江次第』はもちろん、律令から歌道にわたって談義を行なっている。貴族子弟はその青少年時代にひととおりの学問をすますのである。兼良の学問も、いわば貴族の教養として始まったのである。この点では他の公卿貴族も変りがない。

五百年来の学者

一天無双の才

大才

文明十三年(一四八一)、兼良の死去のさい、史官の小槻長興宿禰《おずきながおきのすくね》は、五百年来の学者を失なったとしてこれを悼《いた》んだ。生前の同十一年に前権大納言中院通秀《みちひで》は、兼良を一天無双の才だといっている(『十輪院内府記』)。これより早く、蔭凉軒主真蘂《いんりようけんしゆしんずい》も文正元年(一四六六)に兼良を大才と評している(『蔭凉軒日録』)。これは応仁の乱の勃発した前年のことで、真蘂は応仁の乱の禍源《かげん》の一人といわれた将軍家における権力者だった。兼良の六十四-五歳のころである。そのころすでに、公家・武家ともに兼良を学者の第一人者として推していたことが知れる。

学者の血筋

　兼良が衆に抽《ぬき》んじたのは、その天性の叡智《えいち》によることはもちろんである。南北朝時代の公卿学者の第一人者二条良基の息の経嗣を父とし、文章博士《もんじょうはかせ》東坊城秀長の女を母とした血筋は争えない。しかも、摂家ともなると歴代の記録が多量に相《そう》伝《でん》されている（五一ページ参看）。その宗祇の『竹林抄』に加えた序に、一条家の文庫「桃華坊」の蔵書七百合という。本居宣長は、それゆえ三万五千余巻に達するだろうと推定している（『玉勝間』）。

勝　気

筆まめ

出自《しゅつじ》と環境とに恵まれていたうえに、兼良の性格は強い気性であるし、筆まめであったことである。もちろん健康であった。

　兼良が摂政・関白の地位を獲得したのも強引《ごういん》であった。既述のとおり、応仁元年に二条政嗣を排して関白に再任したことや、文明三年に後文徳院といったん決

菅丞相にまさるもの三つありと豪語す

定した後花園法皇の諡号を、自ら撰進の役を買って後花園院と改称せしめたことなど、その強気を示すものである。強気もむしろ自負《じふ》というところに進んでいた。ここに一挿話を掲げる。

兼良を招くばあい、その席上に菅《かん》天神（菅原道真）の像はかけられなかったというのである。自分より菅丞相を尊重するのかと怒って、天神像を破ったという。連歌会などは、天神講として文神菅天神の御影《みえい》を掲げ、その法楽《ほうらく》として行なう例だったが、兼良は自分の頭上《ずじょう》に菅公をのせるのかといってこれを喜ばなかったというのである。兼良はつねづね、自分は菅公に優るものが三つあるといっていた。菅公は右府だが自分は相国《しょうこく》（太政大臣）である、菅公の家柄は微賤《びせん》だが、自分の方は摂家である、菅公が知っているのは漢土では李唐以前、本朝では延喜《えんぎ》までのこと、自分はそれ以後のことを知っているという三つであった。しかし世人は、自分のことはいまはともかく、死んでしまえば尊敬しなくなるだろう。ところが菅公はいつまでも尊崇されることだから、それが遺憾だといっていたというのであった。天神像を破ったりするほどの自負を持っていたのである。これは『続本朝通鑑《ぞくほんちょうつがん》』が伝説としてとりあげている。それでも神格化してしまった菅公には及ばぬことは知っていたことはこれでもわかる。

天神も崇拝す

事実、兼良は天神を崇拝している。「惟徳惟馨《いとくいけい》北野宮、無情《の》臭味現《わす》二神通《を》一、九州梅《は》走《る》三千里、一夜松《は》生《ず》十八公、桃華居士藤兼拝賛」というような天神賛も見える（『摂家系図』）。なお『増補考古画譜』には、土佐光周筆の天神像に兼良が賛を加えたものが板橋将順の所蔵となっていると記されている。かなりその数もあったろう。したがって、『続本朝通鑑』の所説も真実とはいえなかろうが、その自負心を表現したものとしては興味がある。

辛酉革命を論ず

その学問としても、例えば永享十二年に権大納言洞院実熙《とういんさねひろ》が書写した『三革説』とか、嘉吉三年に陰陽頭《おんようのかみ》賀茂在盛《あきもり》が書写した「四六二六配革卦図《かくけず》」などは、嘉吉元年（一四四一）が辛酉革命《しんゆうかくめい》の年に当るので、兼良がその私見を綴ったものである。このようなばあい、公家では天文博士《てんもんはかせ》に命じて勘文《かんもん》を撰進させ、これを公卿の座で僉議《せんぎ》するわけだが、もちろん公卿も自ら研究しておく必要はあった。そのため、兼良も自ら調査研究したわけだが、天文博士にあらかじめ請われたか、あるいはその学説で天文博士を感服させたのかは知れないが、これを博士らに提示することで圧倒しているのである。『三革説』の題名は陰陽博士賀茂在盛がつけたものであるし、「革卦図」を書写した在盛は、「革卦の秘術は此巻を出でず」と書き加えている。ちなみに「三革」というのは、甲子《かっし》革令《かくれい》、戊《ぼ》辰革運《しんかくうん》、辛酉革命《しんゆうかくめい》の三凶運に当ることである。その祈禳《きじょう》をはかるのだが、それについて家伝を撰進するに過ぎない博士に比して、自由に博捜《はくそう》できる兼良がまさることは当然だが、兼良はこれを誇示《こじ》したものだろう。在盛の絶賛にしても、これには兼良がすでに前摂政であり、公卿の首班であるという考慮もあったと思われる。兼良の所説も、平安朝の三善清行《みよしきよゆき》の所説をかりたというものらしい。兼良の執柄《しっぺい》という地位が、兼良の所論をいっそう重から

摂家の地位も学名の揚がるを援く

しめたといっても過言《かごん》ではなかろう。

研究心旺盛

兼良は研究心が旺盛で、しかも筆まめであったのだろう。せんさく好きで、しかも負けず嫌いであったことなどから、その学問を教養以上のものにしたし、

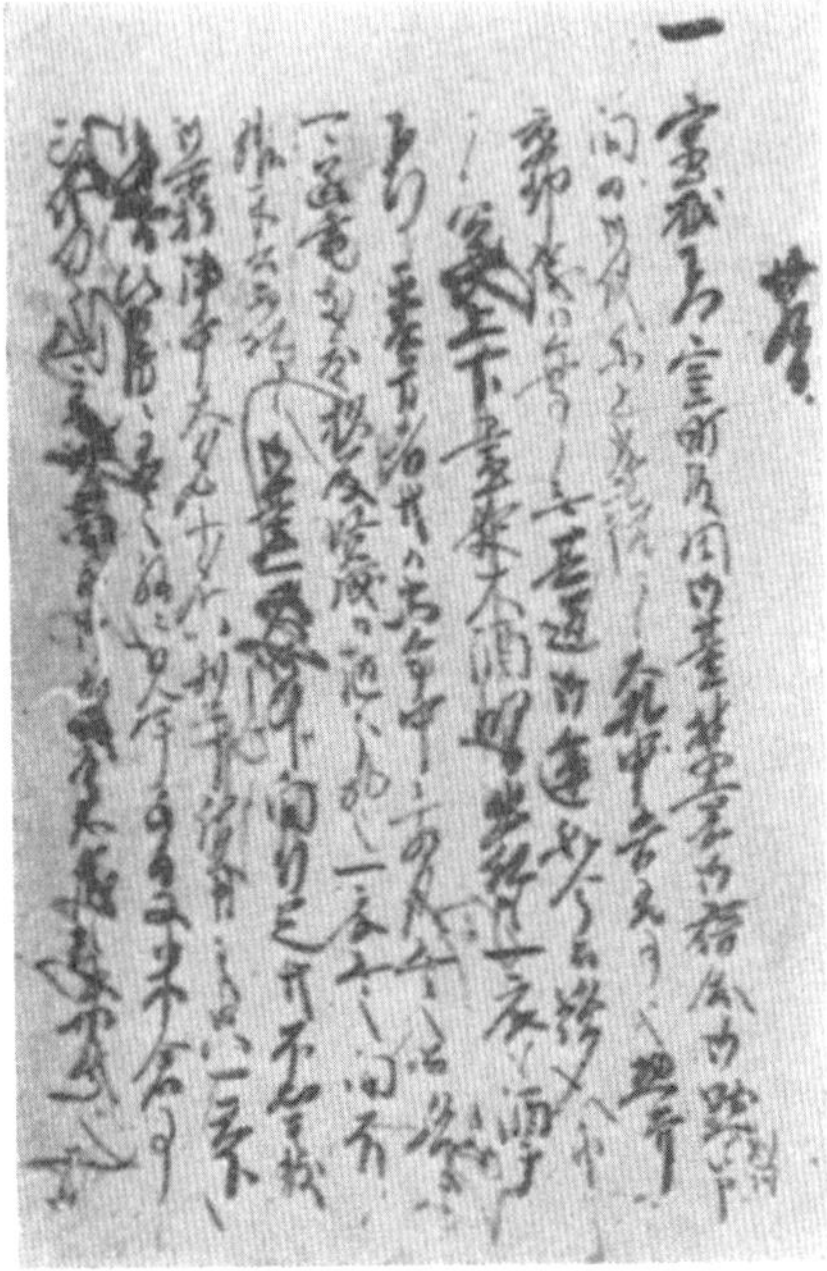

大乗院寺社雑事記（文明9年7月29日）

その子の尋尊も筆まめ

同僚に抽《ぬき》んじて学者の域に達したものと思われる。このせんさく好きで、筆まめなことは、その息である大乗院尋尊僧正がうけついでいる。その日記『大乗院寺社雑事記』一七二冊（内閣文庫所蔵）といい、『七大寺巡礼記』などの、記録・文書の書写

といい、その量にかけては、尋尊は古今を通じて首位ともいえるくらいである。その血筋は争えぬものといってよかろう。尋尊には、父に比して批判精神に欠けるものがあり、他人の説くところをそのまま記録してしまうという弊がある。もちろん、学問の領域も狭い。

神儒仏三教にわたる

兼良は公事の学、いわゆる有職の研究から出発して、和漢の古典および仏教教学の研究に進んだ。いわば、公卿貴族としては教養の学であり、実用の学であった。その達したところは神儒仏三教一致の思想である（『日本書紀纂疏序』）。その才能にまかせて、和漢の書をあさり、博識を誇るし、ゆくとして可ならざるはなしとの観があった。

才気の自負

近世の書ではあるが、『梅庵古筆伝《ばいあんこひつでん》』によると、兼良は才気を自負し、歌学にも師を仰がず、秘伝の伝授もうけなかった。ところが、『古今集』を読もうとしてその非《ひ》を悟り、

冷泉持為から歌道をうける

ついに冷泉持為《れいぜいもちため》について古今・後撰《ごせん》・拾遺《しゅうい》の三代集の秘訣《ひけつ》を学んだとある。歌道ともなると、字義どおりにはいかなかったというのである。

この冷泉家は定家《ていか》の後裔の歌道の家である。持為は一条家の家司《けいし》でもあったが、権中納言に進んで致仕《ちし》していた。享徳三年(一四五四)八月、危篤に及んで権大納言に叙任され、一日にして死去した。この特叙には、恐らく兼良の推挽《すいばん》があったのだろうし、その歌道の師に対する謝恩ででもあったろう。ともかく、自信家の兼良が、『古今集』の解義には「臍《ほぞ》を噬《か》んだ」といっているのである。当時、すでに「古今伝授《こきんでんじゅ》」は行われていた(『満済准后日記』)。その時運に兼良も抗しえられなかったのだろうし、考証学者の限界ででもあったろう。

『日本紀』もこのころ神典とされ、吉田家など神道家として知られてきたが、この吉田家の家学を吉田兼敦《かねあつ》からうけたといわれる。これは兼良の時代の吉田兼倶《かねとも》がいっているのだが、兼敦は応永十五年(一四〇八)に死んでおり、そのとき兼良は十歳にも達していないから兼倶の言はおかしい(兼熙からという書もあるが、それも誤りである)。兼倶はさらに、兼良は深切《しんせつ》にもその著の『纂疏《さんそ》』にはその口伝相承《くでんそうじょう》をば一さい載せていないといっている（『日本紀神代鈔』）。山師的人物として定評のある兼倶のいうことだから、たしかなことはわからない。近世になって、江戸幕府の儒官の林羅山は、兼倶の『神代巻』は兼良の『纂疏』によるに過ぎないといっている（『神社考』）。ともども、批判を要する人物の説である。しかし、兼良は吉田家の家説をえていたとはいえよう。

和歌連歌の作は多いが秀詠なし詩人にあらず

歌学といい神道といい、この一連の所伝から、兼良の学問は訓詁《くんこ》・考証のものであり、理論的展開には欠けていたことが知れる。もちろん、歌学には通じていたし、和歌・連歌の歌什《かじゅう》は多いが秀詠《しゅうえい》はない。詩文にも秀れたものはない。学者ではあるが、天成《てんせい》の詩人ではなかったといえるのである。この点、少青年時代の博学による博識が災《わざわ》いしたともいえよう。兼良の学問は少青年時代にいちおう成立していた。いわば、古典の集積といえるものであった。ここで兼良が夭折《ようせつ》でもしていたら、わずかに古典の書写本が後世に遺されたに過ぎなかったろう。著書といっても、既述した『公事根源』のように、写本といってしまえそうなものがわずかに遺ったろう。

兼良の学問は、しかし活用され、したがって展開した。その青少年時代の蓄積がそこで芽を出したというものである。

学芸活動の発端

永享四年（一四三二）に兼良が摂政に任ぜられたことは、小期間のことではあったが、いちおう廟堂の首班に立ったことになった。ここで、その学問が光を発してきた。翌五年の将軍義教の北野社法楽《ほうらく》一日万句の序を製したり、後小松法皇の崩御にさいし、「諒闇記《りょうあんき》」をつくって諮問《しもん》に答えたことなどがそれである。同十年に、勅撰の『新続古今集』に真《ま》・和《わ》の両序を加えるに至った。勅撰集序文は撰者がつくる例だが、顕位の兼良がとくにこの名誉をえたのである。これには将軍義教の意向なども加わっていたろうし、時流が、虚名にしか過ぎない摂関などの権威を仰いだことを物語っている。政治的権力を喪《うしな》った公家に対して、その伝統的な文化的権威がむしろ蘇がえってきたことを意味している。『新続古今集』は飛鳥《あすか》井《い》雅《まさ》世《よ》がひとり撰者となったものだが、その撰者の序は前摂政兼良が代ったのである。これは兼良が自薦《じせん》したとばかりはいえなかろう。

公家の文化的権威

公家の文化的権威はまず武家に仰がれた。将軍家や幕府要路の大守護大名たちの間から、漸次《ぜんじ》地方の大小名や町人などの上層庶民に及んで行くが、それに対応して公家においても文化の府たる自覚があった。その文化といえば、平安貴族文化である。いわゆる和魂漢才《わこんかんさい》の追求であり、禅宗も宋元文化、すなわち中国文化として理解したし、浄土教の文化的復活が兆した。南北朝動乱がおさまるし、舶来文化の流入がさかんだったのに対し、いちおう成り上り者の武家に落ち着きが出て、伝統文化への関心が高まったといえよう。もとより、戦乱の危険が去ったわけでもない。そのころ民衆活動ともいうべき土一揆などの蜂起もさかんになってくるという複雑な時態でもあった。当時はなお公家貴族と武家貴族としか社会の表面に現われていないが、社会の中核をなす上層庶民の胎動《たいどう》がこれに影響を与え始めたのである。このとき、公家の長老となり、古典学者である兼良の活動が顕著となるのは当然である。時勢と地位とが兼良に幸いしたといえよう。

さきに兼良が永亨十一年、その三十八歳のときに談義のために『江家次第《ごうしだい》』(『江次第』とも書く)の抄出を行なっていることを示したが、それが息子の教房に対するものであったかはともかくとして、このころからその古典の談義も始まったし、その蘊蓄《うんちく》を他に与えることになったものであろう。現存している兼良の著作やその活動の徴証からいうに過ぎないが、それがこのころから多くなるのである。単に研究するという立場から、教えるという立場に変ったのである。その学問の領域も広くなった。「三代集」の秘奥を冷泉持為からえたり、吉田家の神道説をさぐったのもこのころのことではあるまいか。禅僧や浄土僧との交歓《こうかん》も繁くなったものと思われる。それらが兼良の既得の学問にあらためて加えるところがあったと思われる。その著作といえるほどのものは、このころからのものであり、後世に伝わったゆえんであろう。

源氏物語の談義

文安元年（一四四四）三月、兼良はその邸で『源氏物語』の講筵《こうえん》を開いている。当時では講義を談義という。これには外記《げき》の中原康富《やすとみ》も陪聴《ばいちょう》しているが、もちろん公家衆に対して行なったものである（『康富記』）。こののち、寛正二年（一四六一）十月には、参内して『源氏物語』の進講を始めている。その初日の二日には、将軍義政も参内して陪聴した。同七日には、そのついでに連歌御会があり、「聞《きく》こゑも玉の数ある霰《あられ》哉」の御発句を賜わった。この進講には断続もあったろうが、同四年七月にはなお続けられていたし、このときからは『古文真宝』の進講がついでに始まった（『大乗院寺社雑事記』）。これらがその談義や進講の早い例である。

兼良の談義は貴顕を対象とす

兼良の談義は、一部の貴顕《きけん》を対象としたものであることはいうまでもない。すでに天下の大才という評判もえたことだろうし、その談義に参会を請うものも多かったろうが、多くは許されなかったろう。将軍家に赴いて『伊勢物語』の談義

地下人の酌はことわる

を行なっていたころ、度々酒宴が開かれた。たまたま、のちに連歌七賢の一人といわれた将軍家の近侍の杉原《すぎはら》伊賀守賢盛が、『伊勢物語』の談義の慰労宴のとき、兼良に酌をとったら、兼良は将軍家は准后《じゅごう》になったのだから、将軍家の近臣たちは殿上人《てんじょうびと》であるはずである。だから賢盛の酌はことわるといったという話がある（『宗五大草紙』）。格式はむしろ重んぜられた時代であった。この話は、文明のころということになっているので、准后となったのは義政であるが、応仁の乱の前後いずれの挿話かはわからない。しかし、この話が事実とすれば応仁の乱以前のことだろう。

山名宗全にたしなめらるとの説

これと同じような話だが、応仁の乱に西軍の大将となったので有名な山名宗全が、さる大臣亭を訪《たず》ねたさい、その大臣は「例」とばかり過去をあまり引合いに出すので、過去は無意味なんだから、「例」といわず、「時」ということばに改めたがよろしかろうとたしなめたという。宗全のような匹夫《ひっぷ》が大臣と同座し、ことばがかわせるというようなことは昔ではありえない。これができるのも、「時」だ

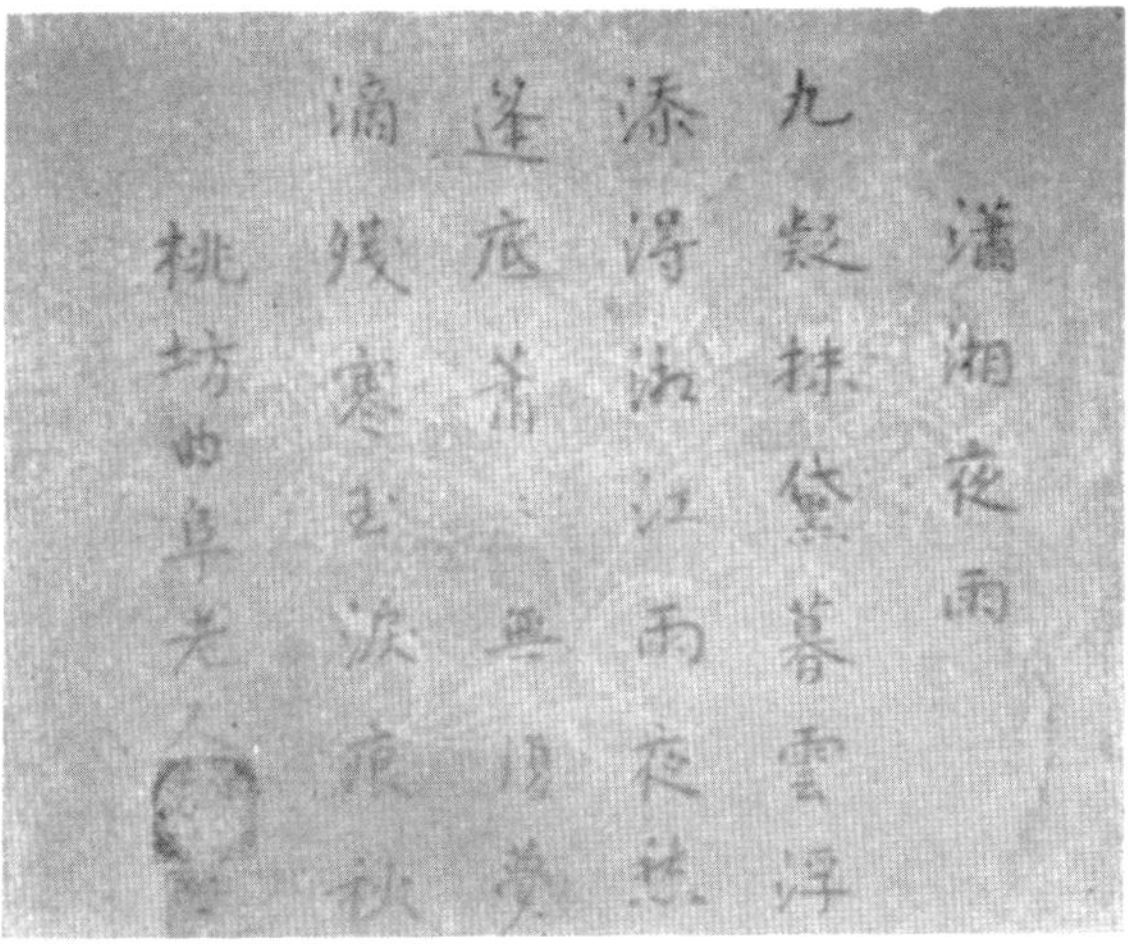

等春筆「瀟湘夜雨図」賛（正木美術館所蔵）

瀟湘夜雨
九疑抹黛暮雲浮
添得湘江雨夜愁
篷底蕭々無復夢
滴残寒玉涙痕秋
　桃坊曲阜老人（印文易相）□（印文兼良）□

九疑（山の名）黛を抹し暮雲浮ぶ、
添え得たり湘江雨夜の愁。
篷底蕭々として復た夢なく、
滴残寒玉涙痕の秋。

といったというのである（『塵塚物語』）。この大臣は兼良のことではないかといわれているが、公卿貴族のそれが思想だったし、あながち兼良ということはできない。とくに応仁の乱以前には、公卿貴族の門戸は固かったし、この山名宗全の話は、主人公を兼良・宗全というのには、ともども誤りがあるかも知れない。

僧侶の貴顕との交わりは自由

この固い公卿貴族の門も、僧侶たちには開かれていた。兼良のばあい、五山僧との詩文の唱和《しょうわ》がかなり多い。交歓の繁かったことが知られる。そこから、宋学などもえたのであろう。

礼記を講ず

兼良はその兄の雲章《うんしょう》の門下にあたる桃源瑞仙《とうげんずいせん》に『礼記《らいき》』を講じているのは興味深い（『百衲襖』）。兼良には『四書童子訓』や『五経鈔』の著があるし（『弁疑書目録』）、のちには『孟子』の談義も行なっているから（『後法興院政家記』）、経典《けいてん》にも明るかったわけだが、その儒学の基調としたのは、「程朱《ていしゅ》二公之新釈」である宋学にあった（『尺素往来』）。『四書集註』の講釈である『四書童子訓』などにこれが示される（いま『大学童子訓』のみがのこっている）。兼良の経学について、桃源瑞仙は「清三位常忠（清原業忠）ハ第一等ノ名儒ナリ、前関白一条殿下ニ次テハ古今無双ノ名儒ナリ」（『史記抄』）といっている。

仏教

元亨釈書註を著わす

この方面においても兼良が第一人者といわれていたことが知れる。もちろん、『律令』や『日本紀』の研究などには、詩文における以上に経典の知識を必要とした。この点では、仏教教学に関しても同様といえる。兼良が帰依《きえ》したのは禅・浄土の二門といわれるが（『後成恩寺禅閤行跡』）、教学としては諸宗にわたったものである。寛正元年（一四六〇）には本能寺日誉上人から『法花《ほっけ》要品《ようぼん》』の講説をうけたといわれるし、また禅僧との交遊も密であった。わが国の仏教史ともいうべき虎関師錬《こかんしれん》の『元亨釈書《げんこうしゃくしょ》』に対しては『元亨釈書註』の著があるし、『仏氏論』八巻の著があったといわれる（『弁疑書目録』）。寛正四年（一四六三）には、浄土念仏の旨趣《しいしゅ》を説いた『勧修念仏記』を著わすし、翌五年には尊海《そんかい》の編した『智証大師年譜』に序を加えている。のちに『多武峯縁起』や『維摩会《ゆいまえ》縁起』の著作も行なうし、『兜率天弥勒《とそつてんみろく》菩薩経』に点を加えたり、『百法問答』を講義するなどがあるが（『大乗院寺社雑事記』）、その造詣《ぞうけい》からいえば容易なものであろう。同三年に浄土宗の清浄光院等熙《しょうじょうこういんとうき》に国師号の勅諡《ちょくし》を奏請した

連歌師高山宗砌と交歓す

ことなど、兼良の周辺に僧侶たちの参集していたことを示すものであろう。

公家衆や僧侶に伍して、兼良の邸に参ずることが許されたのは、歌道の数奇者《すきしゃ》たちであった。とくに連歌は当時の流行であり、したがって連歌宗匠《そうしょう》の地位もあがったし、その学芸に秀でたものがあった。ようやく連歌師という職業人が現われるというころで、僧侶としての地位を持ったものが数奇者だったから、摂家などへ容易に参入が許されたのである。宗匠というのも、幕府の連歌会所(北野社)の奉行の称である。兼良がその邸の歌会などに呼んだばあいもあろう。当時の歌人として有名な心敬僧都《しんきょうそうず》が参入したという徴証はないが、宗匠の高山宗砌《そうぜい》が兼良邸に参じたことが知られている。享徳元年(一四五二)、兼良は宗砌の協力をえて、二条良基が撰述した連歌式目である『応安新式』に式条の追加をなし、また私見を加えて『連歌新式追加並新式今案等《きんあんとう》』を撰述した(同奥書)。『応安新式』を撰《えら》ぶに当って良基が、当時の歌道四天王の一人であった救済《ぐさい》法師と諮《はか》ったこととも似ている。

ついで『連珠合璧集《れんじゅがっぺきしゅう》』や『連歌執筆作法』などを著わした。和歌におけるその著の『歌林良材集』に並ぶ連歌入門書である。

宗祇を知遇す

連歌の大成者として知られる宗祇《そうぎ》は、兼良の知遇をうけた。宗祇は古典主義詩人の評を与えられるが、古典の世界が明らかになってきた当時の時勢に負うところが多い。この点では兼良にも同じことがいえるが、兼良から古典の知識をえたり、兼良の歌学を摂取することができた宗祇は幸運であった。古典の世界は、根底には宮廷の生活、すなわち有職《ゆうそく》を知る必要があるが、有職にはとくに優れていた兼良から親しく教えを宗祇はうけたのである。兼良亡きあと、宗祇は三条西実《さね》隆《たか》からこれを探《さぐ》った。いうなれば、宗祇の歌道は、兼良の古典学をバックボーンとして、これを実地に応用推進したものということができる。世に古今伝授《こきんでんじゅ》は、武人歌人東常縁《とうのつねより》が伝授形式を完成したといわれるが、むしろその伝授を親しくうけた宗祇がこれを確立したとの感が深い。古今伝授はすでに流行していた(『満済准后日記』)。

宗祇、古今伝授を完成す

歌道において二条家の伝授を正統であると宗祇は強調したのだが、この古今伝授を宗祇が推進するばあい、兼良の思想がこれに大きく取り入れられたことは想像に難くない。兼良は『古今集』では貫之《つらゆき》奏覧本が正本《しょうほん》であるが、それは伝わらぬから、定家の取捨《しゅしゃ》を加えたものを正本とすべきだと説き、二条家歌道を推していたと伝えられる(『詠歌大概抄』)。

宗祇、兼良に経済的援助を加う

宗祇が兼良のもとに参じたのは、その師であり、縁者かともいわれる高山宗砌《そうぜい》に伴われたことではじまったものであろう。いったん面識をえた宗祇は、敬虔《けいけん》の念を以て兼良に接したろう。これは、宗祇が参内などは辞退していたことからもうかがえる。それゆえ、兼良も宗祇を快《こころよ》く遇したものと思われる。しかも、兼良の一条家は、摂家の権威はあったが、経済は苦しくなっていた。宗祇はこれを見抜き、金銭を贈るようになった。これは、いっそう兼良を喜ばしたにちがいない。とくに、応仁の乱がおこるとなると、いっそう徳とされたろう。兼良が北

竹林集

新玉集

畠・斎藤・大内などの諸氏に講述書を与えているのも、宗祇の仲介によるものが多かったといえそうである。宗祇も兼良から『古今』『源氏』などをはじめは学んだであろうし、歌論などを説きあったことであろう。兼良の奈良疎開中のことになるが、文明八年（一四七六）、宗祇が連歌七賢をあげてその句吟を十巻に撰集した『竹林集』に序文を与えている（『大乗院寺社雑事記』）。兼良自身にしても、連歌撰集の考えがあった。恐らく二条良基の『菟玖波集《つくばしゅう》』にならったものであろうが、一万句を撰んで『新玉集』となづけ、勅撰の栄をになおうとしたことがあるし、『月清集』という自句集もあった（『大乗院寺社雑事記』）。兼良の『筆のすさび』も先人の秀吟を撰んで評論したものである。宗祇がその志をついだことを喜んだにちがいない。

このころ、宗祇に対しては、その請われるままに宮廷の公事なども説いたのであろう。文明十年に『代始和抄《だいはじめわしょう》（三知抄）』という著述があるが、これは宗祇の所望によって筆を馳せたものである（同奥書）。宗祇の学問の領域が広まったことや、兼良は宗祇に対して、その請によればすべてを授けていたことが知れる。この書物は、宗祇がさらに追記を加えたのが、吉田兼倶に伝えられた。単に有識というよりか、即位の秘事にまで及んだ書物であったからだろう。兼良に親近した文芸人としては、さきに掲げた宗砌《そうぜい》、あるいは『草根集』に序を与えているから、釈正徹も知遇したと思われるが、終生に及んだのは宗祇一人といえるようである。宗祇が摂関のかつての尊厳を知っており、敬虔《けいけん》の念を捧げたことと、さらに金銭の贈与までした懇情が、兼良にいれられたものといえよう。摂家の兼良が窮迫に陥り、連歌師宗祇が裕福になるという時勢であった。

学問が生活をたすく

兼良は官位昇進のために学問をはげんだ。やがてその学問が生活の糧《かて》となるに至った。兼良がやがて訪ずれる応仁の乱の戦時下および戦後の経済的苦境を切抜けることができたのは、その学問教授によるものともいえよう。兼良の奈良疎開や帰京後の晩年にその学芸活動が活発となるのは、いちめん生活の資がそこにえ

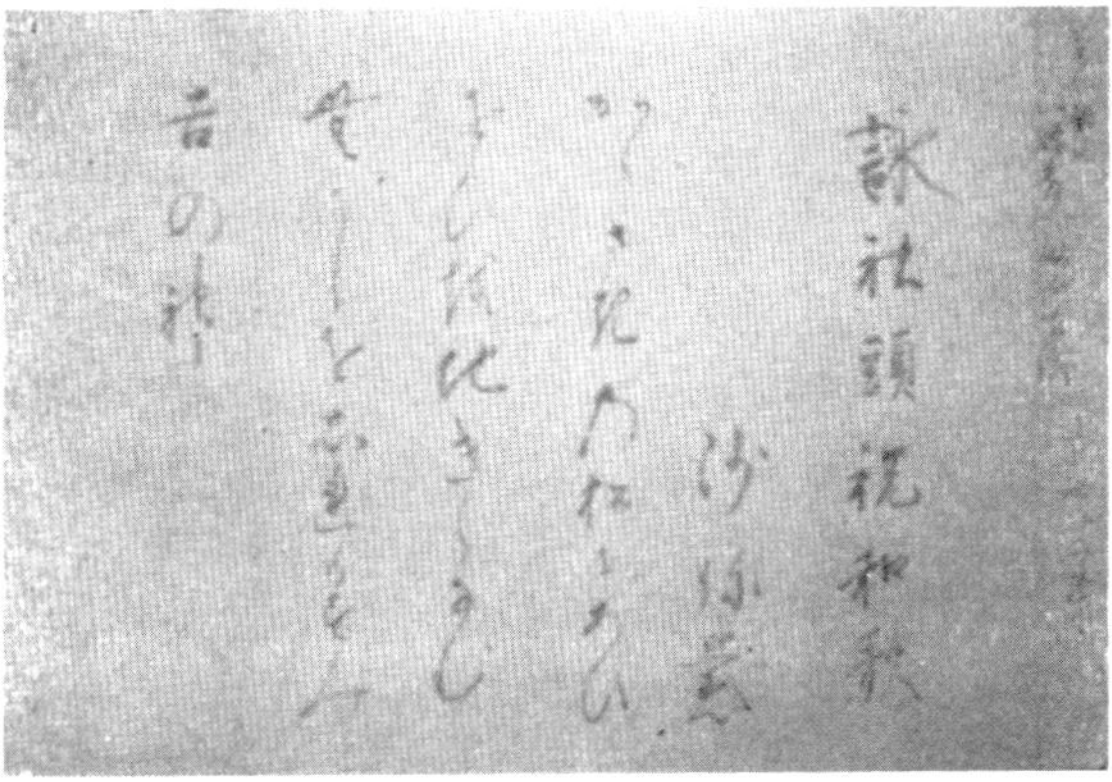

一条兼良和歌懐紙　　(大阪市,生形貴道氏所蔵)

(端裏書)
「住吉社勧請
一條殿さま御懐紙　文明七年二月日」

詠社頭祝和歌
沙弥覚恵
からさき(唐崎)の松にあひ(相)
をひ(生)をちきら(契)なむ
むかし(昔)をしれ(知)るすみ(住)
吉の神

(和歌三神勧請三幅対の一、柿本・玉津嶋神の二幅は現存か否か不明)

兼良は考証学者

巻物写　　(奈良市,井坊英二氏所蔵)

られたからである。

兼良の学問はやや精彩に乏しい。その学問は、訓詁《くんこ》・考証であり、先人の業績の集成であった。博学と博識という評がこれに当る。しかも兼良の著作には、教授資料的な入門書が多い。もちろん、入門書は該博《がいはく》な知識を必要とするものではあるが、精彩に欠けることは争えない。しかし、この入門書は、広い層を対象とすることができるというものである。兼良の学問は学説の孤《こ》高《こう》を誇るものではなかった。しかし、学芸の普及に役立ったものといえる。当時、学

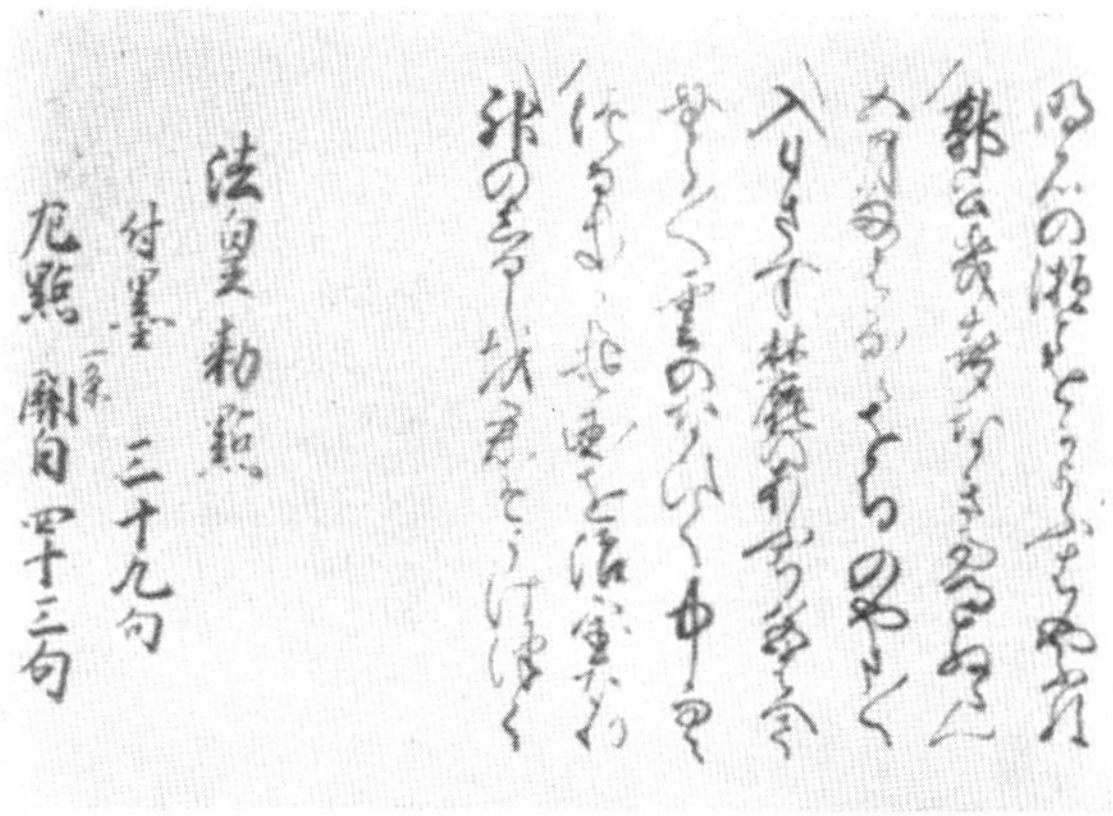

後花園法皇・一条兼良加点，後土御門天皇連歌

芸においても、時流をうけ、古典に還《かえ》れの叫びがあがった。この古典を当代に紹介する役割を兼良ははたしたといえる。

兼良は古典学者であった。しかも、考証学者というべきものであった。そこに文芸活動の限界も生じた。その歌吟などは数多くあるが、詩情には欠けている。『新続古今集』に収められた歌什にはもちろん秀歌はない。宗祇の撰んだ『新撰菟玖波《つくば》集』には、その宗祇との深い関係から多く撰ばれている。これは兼良の死後の撰集であり、兼良が政務を離れて閑居し、また地方にも

詩文に精彩なし

旅した以後のものを撰んだので、やや見るべきものがあるといえるほどのものである。もちろん詩文も型どおりのものである。周文筆「蜀山図」（六八ページ参看）、文清筆「西湖図」（九九ページ参看）、等春筆「瀟湘夜雨図」（一〇九ページ参看）などに賛語を記したものが現存している。その筆蹟も弱々しい。むしろ博識がこれに禍いしたろう。その摂家という地位にあったため、自然に親しんで遊吟するということもできず、その桎梏《しっこく》が、この面には加わったものといえよう。兼良の学問にも、応仁の乱による環境変化がいちめんでは好影響を及ぼしている。ともかく、兼良の学問は、その努力によって成ったものといえよう。

後花園法皇
一条兼良 加点
後土御門天皇連歌巻物写

応仁元年拾月十七日の後土御門天皇の「何人」連歌に、御父の後花園法皇が点を加えられ、それを兼良に示して、なお加点せしめられたもの。これは江戸時代の写しである。兼良の歌学・歌道における声望を示すものとして貴重資料である。原書は知るによしもないし、この写しも世に知られていない。

応仁元年十月といえば、その正月に応仁の乱は開幕され、長期戦の様相を示してきたときである。兼良は関白在職中であり、京都九条の東寺随心院門跡に難を避けていたころである。戦乱中の慰めにか、歌芸に憂き世をまぎらすためにか、この連歌巻物が生まれてきたといえる。

巻奥に、

法皇勅点

　　付墨三十九句

　　左点　一条関白四十三句

とあるので、法皇の点が右、兼良の点は左に加えられたことがわかる。原書は後土御門天皇の宸翰であったろう。

六　「女人政治」礼賛

富子の厚遇をうく

足利八代将軍義政夫人日野氏、その名富子が兼良のパトロンであったことは有名である。富子が将軍家の実権を握ってしまったのだから、兼良が武家の庇護《ひご》をうけるとなれば、富子から庇護をうけるのは当然である。

富子は女将軍

富子は夫の将軍義政をツンボ桟敷《さじき》に逐《お》いやり、実子の少年将軍義尚を後見して実権を握ってしまったから、あたかも女将軍《じょしょうぐん》の感があった。女将軍といえば、かつて源頼朝夫人平政子があるし、後には淀君がある。それぞれ歴史をにぎわしてはいるが、そのうち富子の政治的活動には、語るべきものは多くはない。足利将軍家の権威がガタ落ちした時代のことだったからである。幕府が衰退していたから富子が政治的活動もできたというものである。社会秩序も、また倫理も乱れていたところに、富子の登場があった。頼朝の未亡人として尼将軍といわれた政子のような冷徹さもない。名は体を表わすというが、政子と富子という名前が奇《く》しくもその実体を示しているようである。富子は多情であったし、その富は天下の富を一手に握ったとさえいわれたものである。

富子に政道を説く

富子は公卿の女であるし、足利氏もむしろ公卿というべきものだった。ともに没落公卿の衰運は味わっていた。将軍義政はむしろ時運に気力を失なってしまったが、勝気な富子にはなお既倒《きとう》を昔日《せきじつ》にかえす意欲があった。それは権力の恢復であったが、むしろ富裕な生活をのぞんだといえる。母として将軍義尚の多幸も願望したものである。

富子は兼良に政道を問うた。また義尚のために重ねてこれを求めている。これに応えて、兼良が説いたところは、武家の権威の確立ということであった。武家の軍事的政治的権威が確立することで、また公家の権威もあがるというものであ

将軍家は貴族

った。いわば、公武合体のもとに、ともに支配者としての権威を発揚しようとしたものである。もちろん武家は公家そのものではない。これは兼良も知っていたし、公家の権威の如何なるものかが知れてきた時勢であった。武家において、足利義満のころでは、上皇問題などのような不明朗なかげもなかったわけでもなかったが、そこで将軍家の権威が確立したので、そののちはこのような問題はおこらない。あながち、将軍家の実力が落ちたというわけではない。足利義教の武家政治振作《しんさく》も、必然的に公家の権威の昂揚《こうよう》がもたらされたのである。その公家の権威は伝統であった。それは歴史に裏づけされたものであり、いわば文化的権威であった。それゆえに公家に対する憧憬がいっそう強くなってきたのである。もとより文化も権力の一斑であった。その受容は政治権力の増強にもなったが、受容においてその度を失すれば、主体性を忘れ去るという危険もあった。

将軍義政にしても義尚にしても、こういう時代と環境に育くまれた。武芸の習熟というようなことは問題にならない。もっぱら公家的教養を習得することであった。いな教養というものは、すべて公家的なものであった。しかも、将軍家でその師を求めるとすれば、いちおう公家の博士たちであるが、それらはいわば職人である。職人以上のものがもとめられたばあい、地位と学識とを兼ね備えた兼良が将軍に招請されたのは当然である。

将軍権力の是認

兼良は将軍家の権力は是認していた。その二十歳のとき、内大臣なるが故に詠《えい》草《そう》に柳営《りゅうえい》と自署したのを将軍義持に咎められ、謹慎を強《し》いられたという話さえあるから（『兼宣公記』）、将軍権力は身にしみて悟ったことだろう。ともかく、足利氏が歴代その夫人を源氏公卿の日野家から選んでいたことにも好感が持てたのだろう。摂関職の争奪にさいし、将軍夫人の権力にすがることさえした。やがて将軍義政にも近づくが、その夫人日野富子の権力には、むしろ屈従したといえるのである。

その女人政治是認を非難さる

その女将軍的権力に対して、批判すら加えていない。後世の評論家は、兼良が女人政治を是認したと非難するか、あるいは女将軍的権力にやむなく屈服したと弁護するかのいずれかである。しかし、兼良は女人政治の現実を怪しむことはなかった。もとより、後世の評論は、すべて女人政治を否定する前提に立つものである。当時でも、兼良が『源氏物語』の講義に富子の許《もと》に至ったことを稀有《けう》のこととして非難めいた声もあった（『大乗院寺社雑事記』）。しかし、これは摂家が武家に講義することなどの非難である。当時では、女人政治といっても、さほど非難すべきものではなかったろう。

将軍家の好学

将軍義政のみならず、その夫人日野富子も、またその子の義尚も、教養のためとはいえるが好学だった。というよりか、時勢というべきものであった。義政は兼良の『源氏物語』の進講を陪聴《ばいちょう》したりしたが、兼良に和歌の点を請うことなどは再三に及んだ（『大乗院寺社雑事記』）。兼良が奈良疎開中のことである、文明九年には兼良の独吟連歌を叡覧せられたのを、義政夫妻がこれの拝観を求めたことがあるし（『兼顕卿記』）、

兼良の帰京は将軍家の援助

その年の七夕《たなばた》には義政夫妻は参内して御歌合に加わり、その点を兼良に請うた。宗祇がその使者となっている（一〇〇ページ図版参看）。応仁の乱の主役は将軍家であったのだが、大乱の進行につれて、将軍家は傍観者の立ち場となり、政務からも遠ざかったので、遊宴に日を送るというものだった。大乱がいちおう静まっても、これに変りはない。すでに義政は前将軍となり、将軍義尚は幼少で、その生母の義政夫人富子が衰えた将軍家権力を専らにしていた。将軍のような立ち場になると、富子も文芸などに関心を深めてきた。奈良に疎開中の兼良に帰京を勧める声が将軍家からもおこってきたが、この声の中心は富子であった。文明九年末に兼良が上京することになったのも、これは渡りに舟というところだったろう。翌十年四月に兼良は『源氏物語』の進講を始めたが、将軍家にも講義に赴き、また富子に対してもその講義をしたといわれる（『大乗院寺社雑事記』）。富子は陪聴というのではなしに、自分のためにも招いたのである。

源氏・伊勢物語の講義

屋敷を焼かれていた兼良が、細川氏の家臣茨木《いばらぎ》某の宿所をもらえたのも富子のあっせんがあったのだろう。将軍家や富子への『源氏物語』や『伊勢物語』の講義(『宗伍大草紙』)も兼良の生活を助けるものとなったろう。兼良が日野富子に将軍夫人いな女性将軍としての教養あるいは修身を説いたものに『小夜《さよ》のねざめ』がある。この書物は、恐らくこの源氏講義のころに贈られたものだろう。

小夜のねざめ

『小夜のねざめ』は、光源氏から説きおこして、歌道の成立におよぶし、文芸の盛世は聖代として和漢の盛世をあげている。源氏講義のついでに歌道史を説くし、聖賢の政道に及んだものである。兼良の主張する歌道の盛世は、後鳥羽院の時代であり、その宮廷において俊成《しゅんぜい》・定家《ていか》などの俊才が活躍したさまを述べる。やがて政道に移って聖賢を論じ、賢臣・乱臣をあげ、転じて女性論に至り、尼将軍平政子が評論される。周知のとおり、後鳥羽院と政子とは承久の役(一二二一)の両立物である。兼良の構想がしのべよう。しかし、兼良の目的は、富子の手本とし

政道は道理にしたがう

てこの政子を説くことである。そこで政子の政道をば「道理」にかなったものとする。その「道理」は慈円和尚が『愚管抄』にいう「道理」であるとした。ここが『小夜のねざめ』の圧巻《あっかん》であり、富子の女人政治を是認するために政子の賢政をたたえ、それを「道理」としたのである。このあたり兼良の思想を知るためにも原文を掲げて見よう。

女性論

女子は三従

女人政治論

いたづらごと申侍るついでに、ちと女房の有さまをも申侍るべし、大かた女といふものは、わかき時は親にしたがひ、ひとゝなりてはおとこにしたがひ、老ては子にしたがふ者なれば、我身をたてぬ事とぞ申める、いか程もやはらかに、なよびたるがよく侍ることにや、大かた此日本国は、和国とて、女のおさめ侍るべき国也、天照大神も女体にて渡らせ給ふうへ、神功皇后と申侍りしは、八幡大菩薩の御母にて渡らせ給しぞかし、新羅・百済をせめなびかして、此葦原《あしはら》の国をおこし給ひき、近くは鎌倉の右大将(頼朝)の北の方尼二位殿(政子)は、二代将軍(頼家・実朝)の母にて、大将のゝちは、ひとへに鎌倉を管領せられ、いみじく成敗ありしかば、承久のみだれの時も、此二位殿の仰とてこそ、義時（北条）ももろ〱の大名には下知せられしか、されば女とてあなづり申べきに非ず、昔は女体のみかどのかしこく渡らせ給ふのみぞ多く侍しか、今も誠にかしこからん人のあらんは、世をもまつりごち給ふべき事也、又男女の中、いうなる事どもは、光源氏にこまかに申侍れば、今更申にをよばず、雨夜の品さだめにことつき侍るべし、それも心おさまりたらん人をこそ、いへとうじ（家刀自）とも定めて、まことのよるべともし侍るべけれど、くれ〱かゝれたれば、唯男も女もうか〱しからず、正直に道理を知たらんよりほかは、何事もいたづらごとにて侍るにや、装束する人の、一さいのえもん（衣紋）をば、わきへかきいるゝとかや申様に、万《よろず》のことは、道理といふ二《ふたつ》の文字にこもりて侍るとぞ、慈鎮和尚（慈円）と申人のかきをかれ侍る、いと有難き事也、今申したる事は、皆かしこき文どもの旨を、かな（仮名）にかきなし侍れば、聊も私の言葉はなき也、

賢者ならば女人も執政すべし

結局、今の世でも、女人とても賢者ならば執政するのも道理だというのである。

ここに見えただけでいえば、兼良は富子に媚《こ》びたのだとも、あるいは富子の圧力

によって筆を弄《ろう》したといえぬこともないが、天照大神をはじめ、神功皇后あるいは歴代の女帝（『樵談治要』では推古・皇極・持統・元明・元正・孝謙）などの女性の善政を固く信じていた兼良のことである。老人は頑固に学問に対する自信などを持つ例も多いことだから、兼良のばあいは曲筆ではないと評したい。もちろん兼良も、女性は柔和であって欲しいと思っていたことは事実だし、女性が男性に劣るものとなってきた時勢を気づかなかったわけでもない。「女とて」云々といっておる。しかし、賢い人は別だというのである。

『小夜《さよ》のねざめ』は富子に好感を与えた。そこで富子は、将軍義尚のために修身書の撰進を兼良に依頼した。

だいたい、将軍義尚は、主上あるいは摂家子弟と同様な教養を与えられた。義尚も学問は好んだ。義尚は和歌に長じた。『常徳院殿《じょうとくいんどの》歌集』などをのこしている。義兼良が源氏講義に武家に参入したというのも、義尚のためのものだったかもしれない。義尚は古典を求めた。三条西実隆に『色葉和歌集』（『実隆公記』）、甘露寺親長に『伊勢物語』を書写させたりしているし（『親長卿記』）、また兼良などに諸家の系図を求めている（『兼顕卿記』）。巻頭に口絵図版として掲げた兼良が大乗院尋尊僧正に宛てた書状に

義尚諸書を兼良に求む

さかき葉物語

も、そのことが見えている。そこに公方《くぼう》（義尚）から『さかき葉物語』を求められたとある。この書物は二条良基の『榊葉日記』とはちがうらしい。なお、これは源平系図と大和名産の瓜とを贈られたのに答えたものだが、この系図も義尚に譲るためのものだったかも知れない。

義尚は学問にはげんだ。義政や富子がいっそう勧めたのだろう。兼良もその師匠格となっていた。かくて兼良は義尚に修身書を撰《えら》んでこれを贈った。それが

文明一統記

『文明一統記』である。この書は、

一八幡大菩薩に御祈念あるべき事

一孝行を先とし給べき事

一正直をたとぶべき事
一慈悲をもはらにし給べき事
一芸能をたしなみ給べき事
一政道を御心にかけらるべき事

の六綱目を立て、それぞれに説明を加えたものである。少年将軍に与える修身書としてふさわしい。

『文明一統記』の称はその第一条に示される。将軍に任ぜられたのは前世の宿《すく》習《しゅう》とはいえ、これは父母の恩である。せめて将軍となったからには、静穏な世に戻すことができなければ、将軍に任ぜられたかいもないし、父母の恩にも報いられないだろう。この静穏な世を迎えるには、将軍が威勢をつけることだし、諸国の守護人が穏便で慈悲深い者であることが必要である。これを毎朝、南に向って八幡大菩薩に祈念せられよ。神も威勢を与えるであろうし、これを聞く守護人も

第一条

足利義尚像
（名古屋市，熱田地蔵院所蔵）

神慮を恐れて心を持ち直すことであろう。さすれば「文明一統の天下に成ぬべきこと掌《たなごころ》をさすがごとく成べし」というのである。この書の題名のできたゆえんである。また八幡大菩薩というのは源氏である足利氏の氏神であり、

貞永式目の精神を説く

南方に向って祈願するというのだから、石清水《いわしみず》八幡をさしている。もともと敬神は、武家の憲法である『貞永式目』のあげた徳目だし、守護人に慈悲穏便《おんびん》のものを選べというのは、足利尊氏が『建武式目』をはじめとして、そのしばしば訓令したところである。将軍は威勢を持てというのと相まって、兼良は足利氏の治政を是

認するし、武家政治の要諦《ようたい》を示したものである。

第二条 第二条の孝行については、釈尊の内教、孔子の外典《げてん》にこれを説くとして、「仏の教には左の方に父を荷《にな》ひ、右のかたに母を荷ひて、毎日に須弥山《しゅみせん》をめぐるとも、此恩はなをむくひがたかるべしと説《き》給へり、孔子の教には身体髪膚《はっぷ》は父母にうけたり、敢て毀《そこな》ひ傷《やぶ》らざるを孝のはじめといへり」と筆をおこし、その孝行をさとすのである。「凡夫《ぼんぷ》の習、内典・外典にいふがごとくうつくしくはふるまはれぬことなれど、其道理をば、誰々もよく心得給べき事なるべし」と筆を結ぶあたり、現実をふまえた所論である。

第三四条 第三四条は正直と慈悲の徳目をあげる。将軍としての正直は、正邪を明らかにして信賞必罰《しんしょうひつばつ》を励行することだし、慈悲は仁である。いま万民が所帯を離れ飢寒《きかん》につめられているのは、守護人たちが慈悲の心に欠けているからで、ここに思いを致すべきだというのである。ここで「八幡大菩薩の御託宣にも神は正直のかうべに宿り給ふとのたまへり」と兼良が説いているのは注目される。儒仏の徳目を神道にわたらせた点である。

三社託宣

このころ、神道家の吉田兼倶が「三社託宣」を流布《るふ》しだした。「三社託宣」は古くから伝えられていたが、天照大神に正直、八幡大菩薩に清浄、春日大明神に慈悲の徳性を整斉《せいせい》したのは兼倶である。兼倶は兼良に教えをうけている。兼良の神道説が兼倶に影響しているといわれるが、ここに兼倶の三社託宣説にも兼良の影響があったことが示される。もとより、これも兼良に始まったことではなく、いつしか世に伝えられたのを兼良が採り上げたというに過ぎなかろう。しかし、三教（神儒仏）即一《そくいつ》を説く兼良の思想がここに明らかにされるし、それを迎えた時勢が示される。

第五条

第五条の芸道を嗜《たしな》むということは、将軍の教養であり、これを政道の助けとするのである。弓馬の道は当然のこと、文武両道を兼備せよというのである。先祖の義満将軍は、声明《しょうみょう》・管絃の道も嗜《たしな》んだし、これで近習の心なども緩《ゆる》め、治政の実績をあげたと説いている。なおこれに関連して酒宴のことに及んでいる。これは後に述べよう。

第六条

第六条は、政道とその正しからんことを説いたもので、とくに武士たちの寺社本所領の押妨《おうぼう》を停むべきを強調している。もとよりこれが紛争は裁判にかけられるが、それにつけても、幕府の裁判人たちに至公至平の者を宛てるべきを説いている。兼良は悲願をこの機会を利用して述べたともいえるものである。

兼良の武家観

これは兼良の武家観でもある。しかし、武家を公家の従属者と見なすのでもないし、公家に代るべきものともしていない。摂関家の兼良としては、その摂関の政権が武家に奪われたことに不満を抱くべきである。しかし、その不満の気配は全く見えない。武家政治も現実としてこれを是認していたのである。貴族化足利氏にはいっそう好感を寄せていたということができる。すべて世の道理として理解していたのである。

この『文明一統記』の第四条の芸道の条で酒のことに言及しているが、これも兼良の思想を示している。

酒を戒しむ

酒には歓伯《かんぱく》という名さえあって、喜びを共にするわざなのだから酒興もよい。また家来《けらい》どもに酒を振舞うこともよい。ただし、乱にをよぼさずと『論語』にも説かれているように、酒量をはかるべきだと兼良はいう。酒量は人によってちがう。酒量の規定はない。乱に及ぼさずというのは、本性を失うほど酔うなということである。楽しく飲んで興ずるのはよい、酔ったと思ったら寝てしまえと義尚にさとすのである。また近習者が酔って不首尾をしても、それが酔っているうちはいうな、醒《さめ》てからこれこれだから今後は注意せよといったらよいというのである。まさに至れり尽せりの言といえる。しかし、これだけのことなら、さほど異《い》とするに足りないが、兼良がとくに酒に言及したのにはその理由があった。

将軍家は大酒

当時、将軍家は酒宴で明け暮れていた。興福寺の松林院《しょうりんいん》僧正が将軍家に参上したところ、十度飲《じゅうどのみ》という大酒をやらされて迷惑したという。将軍家ばかりでなく、「公武上下昼夜大酒」で、「明日出仕之一衣(一枚のきもの)も酒手(酒代)」としてしまう時勢だった。実は将軍義尚も若死するのだが、それは酒色のせいであった。こういう時期に当って兼良は酒のことを説いたのである。酒の弊害を説いて酒宴は止めろというのではない。酒は誰でも好きである。だから兼良はこれを是認して、わずかに乱《らん》酔《すい》を戒めたというに過ぎない。将軍家でさかんなのだから、これに反対したら、嫌われると思ったのではなかろう。兼良には、それほどの深慮《しんりょ》があったとは思われない。現実をそのままに受け取っていたのであり、それが兼良の思想であった。

この『文明一統記』に前後して、兼良は将軍義尚のもとめに応じて『樵談治要《しょうだんちょう》』を撰進した。これは文明十二年七月に撰進したことが兼良の奥書から知れる。その前年の十一月に将軍義尚は十五歳の成年に達したので御判始《ごはんはじめ》と沙汰始《さたはじめ》の儀式をあげた。御判始は、その判(花押《かおう》)の披露式である。いわば自立宣言である。こ

義政もよろこぶ

撰進の事情

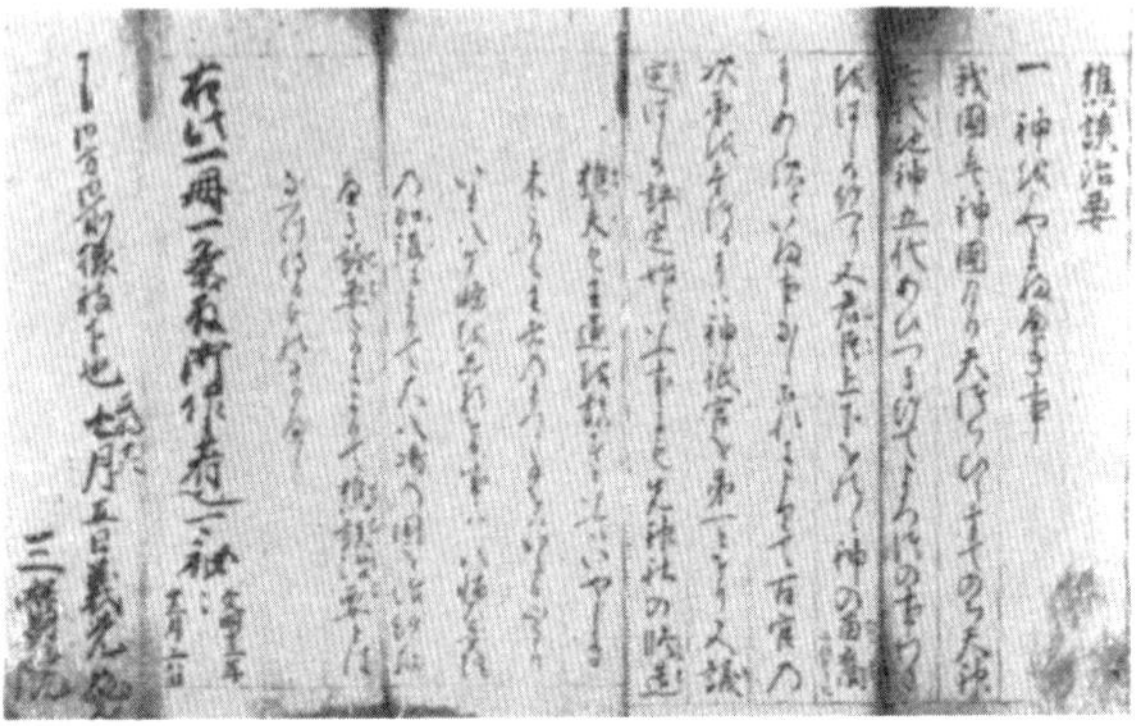

樵　談　治　要　（豊田駒太郎氏旧蔵）

の将軍政務始にさいし、義尚は政道書の撰進をもとめたが、そのようやく撰進ができたのが翌年七月のことだったといえよう。これを義尚は父の義政にも進めた。義政も、「よくよく此の法を守らるべき由」と賛意を示したので、義尚はかさねて外題《げだい》を書くことを兼良にもとめた（大内政弘本奥書）。かくて『樵談治要』ができたのである（上の図版は三宝院義覚が兄の義尚から文明十四年に授かった一本を示す。「右此一冊云々」の識語は義尚の自筆と思われ、貴重な伝本である。）。

ところで『文明一統記』も、その文中に「此前にも既に御判初有し上は」とあるから、文明十一年末以後の撰進である。しかもそれは

文明一統記との関係

将軍義尚に政務の懈怠《けたい》や逃避を戒めたものである。文意から推測すると、義尚の御判始の直後だったと思われる。はたして義尚が自らこれを兼良にもとめたのか否かということは、明らかでない。『文明一統記』の流布本《るふぼん》は、大永七年に近衛房通《ふさみち》が兼良の自筆本を書写したもの、房通は義尚の所望によって兼良が書き進めたものといっている(奥書)。これだけでは撰進の事情は詳《つまびら》かでない。ただ推測するだけだが、日野富子がその子の義尚の御判始にあたって兼良に将軍用修身書をもとめ、兼良が応《こた》えたのが『文明一統記』であった考えられる。もとより少年将軍用だから平易である。しかし、兼良はそのとき詳しい著述を志し、資料も充分に集めていたのだろう。これはおのずから将軍家の人々にも知られた。たとえば

樵談治要は武家の『貞観政要』

帝王学の教科書としては唐の太宗の『貞観《じょうかん》政要』がある。将軍家にも公方学教科書があるべきだという意見がおこり、あらためて詳述を兼良に求めたのであろう。そこで兼良が『樵談治要』を撰進したものと思われる。もちろん、将軍義尚の所望

ということではあるが、富子をはじめ将軍家の人々の意向であったろう。
兼良ははじめはためらっていたが、再三の懇望だったので撰進したという。しかし、これは兼良が将軍家に進めたほかに一本を書し、周防(山口県)の大内政弘に与えたものの奥書に見えるところである。はたしてためらっていたのかどうかはわからない。しかし、その撰進したものは、さすが立派なものであった。この『樵談治要』の書名や構成は、同じく兼良がその識語《しきご》で説明している。

樵談治要の命名の由来

樵夫《しょうふ》も王道を談ずといふは、いやしき木こりも、王者のまつりごとをば語《る》心也、今八ヶ条をしるせる事は、八幡大菩薩の加護によりて、大八島《おおやしま》の国を治《め》給ふべき詮要《せんよう》たるによりて、樵談治要とは、名付侍《なづけはべ》る物なるべし、

『文明一統記』のばあいとちがい、兼良は王道を論ずるというので謙虚《けんきょ》さを示している。しかし、その自信は充分だったのである。これが八ヵ条から成るが、

八ヵ条より成る

八幡や大八島の「八」をとったものだという。その八ヵ条は、

一神をうやまふべき事
一仏法をたとぶべき事
一諸国の守護たる人廉直《れんちょく》を先とすべき事
一訴訟の奉行人其仁を選ばるべき事
一近習者をえらばるべき事
一足がるといふ者、長く停止《ちょうじ》せらるべき事
一簾中《れんちゅう》より政務をこなはるゝ事
一天下主領の人かならず威勢有べき事

文明一統記をふえんす

である。和・漢の故事、神儒仏三教あるいは公家・武家の有職《ゆうそく》故実にわたって博《はく》引旁証《いんぼうしょう》、それぞれの条目を説明している。博識の兼良のことであり、この点では『尺素往来《せきそおうらい》』の著さえあるのだから、ここに記されたぐらいの知識は、当然示されるものである。しかし、この内容は、『文明一統記』のふえんに過ぎないし、むしろ『文明一統記』のほうが整然としている。あるいは『樵談治要』がさきに著作され、その要約が『文明一統記』ではないかと疑わしめるくらいである。もとより、撰進の目的がちがっていたことだし、私としては、『文明一統記』をいぜんさきといいたい。しかし、『文明一統記』の説明で、この『樵談治要』を尽してしまうものと思われる。

内容は小夜のねざめ、文明一統記と大同小異

条目として目新らしいものは足軽のことである。これは武芸がすたれたためだし、弓矢の道にはずれた存在であり、下剋上《げこくじょう》の世の産物である。昼強盗の類だし、名ある武士がこの為に命を奪われたりする。社会秩序の破壊分子だから、これは停止すべきである。もちろん、主人があるはずだから、その主人を糺明してこれを禁止させるべきだし、土民・商人ならば、その在地に仰せ付けて罪科すべきだという。兼良のこの見解は、当時さかんにおこった土一揆《どいっき》に対する憎悪からであった。土一揆もこの足軽の所為だとするのである。

三部作とはいえず

ともかく、『小夜《さよ》のねざめ』『文明一統記』および『樵談治要』は、三部作とい

女人政治の肯定

将軍は権勢を持つべし

うよりか、その対象によって若干の説明をかえたというものにしか過ぎない。神儒仏三教即一思想あるいは公武共栄の現実にもとづく政道論である。特異のところは、日野富子の女人政治の現実を是認したところであるが、これも『小夜のねざめ』に説かれている。日野富子を実権者とする将軍家の保護をうけることで兼良は生活せざるをえない。公卿たちもいちようにかく信じていた。望むところは、将軍家が武力的権勢を張ることであった。『樵談治要』の第八条でつぎのようにこれを強調し、かつ結語としている。

かくのごとくの制法をかれずば、上をあなづること更にたゆべからず、又一国の守護など、所勘《しょかん》にしたがはざらんをばいかゞはせん、凡《そ》大将軍といふは、おほやけ（公家）の御かためとして、しきみ（閾）の外を制し給ふべきゆるされをかうぶれる職として、成敗有ことを違背《いはい》申さむは、別して罪科に処せらるべし、代々武将の、其例をもて義兵をおこし、朝敵に准じて、速に退治のさたに及ぶべき事、理のをす所左右《とこう》にあたはず、しからずば、はかりごとをとばり（幄）の中にめぐらして、いかにも前非を悔、承諸申やうに、うらおもてより計略有べきか、是又仁の道に有べし、それ又しからずば、私なき心をもて、冥《めい》の照鑒にまかせられば、上裁を用《い》ず、雅意《がい》にまかせん強敵は、かならず自滅すること有て、俄《にわか》に威勢を付《け》奉る事、是又前蹤《せんしょう》なきにあらず、しばらく時節到来をまたるべき歟《か》、是らの進退よりのきは、ひとへに大将軍の所存に有べし、とかく人の中に及ばざる所也、

兼良は歴史に通ず

武家政治は論ぜず

兼良は歴史に通じていた。とすれば承久の乱や南北朝の対立にも論及できたことと思われる。この三書は、ともかく武家に呈するものだから、あえてこれには触れなかったといえるが、いっそ、積極的に武家の弁護もできたろう。しかしこれもしていない。守護の横暴は論ずるが、将軍は論じない。この守護も『貞永式目』『建武式目』の条目を守り、寺社本所とともに世を治むべきだというのである。現実の是認というのほかはない。なお兼良には『公武略記』という著作もあるが、その思想においてはこれらと変りがない。早くから、かかる所懐を固めて

兼良は警世家にあらず

下剋上を憎む

いたのである。

兼良は警世家でも思想家でもない。全くの考証学者であった。世運の動きについては、これを「道理」として割り切っている。『愚管抄』の著者慈円和尚の「道理」をうけついだものである。時代こそちがうが、慈円も兼良も、ともに摂家の人である。公卿といってもその最上層であった。戦乱や窮迫もその身辺に迫ってはいたが、これを深刻に考えるというものでもなかった。そこにおうようさもあった。この摂家ということは、いぜん尊重された世の中であった。窮迫といっても、なお窮通の途が開けていたというのが、そのおうようさのあったゆえんであろう。わずかに、そのおうようさを破る態度を示し、憎悪《ぞうお》さえ発したのは、被支配者階級の擡頭《たいとう》に対してであった。権威主義に徹していた兼良は、権威化した武家はこれを認め、諸国の守護以下の擡頭は、下剋上としてこれを憎んだのである。将軍家は公家の同類と感じてしまったのだし、事実、将軍家も公家化していたから、

兼良に批判精神は稀薄

樵談治要は犬の前の説経に同じ

武家政治論など展開する必要はなかったのである。

兼良に批判精神は稀薄である。だから、兼良の学問に鋭さはない。知識の堆積《たいせき》でしかないという感がある。兼良の業績は量としては多いが、真に独創というべきものは少ない。学問の集大成といったところのものとされよう。それは長寿に恵まれ、健康であれば到達できる。しょせん、兼良は中世の公卿学者であり、兼良の世界は王朝貴族の環境であったと評することもできよう。しかし、これは考証学者の宿命である。しかも、その考証を時代はもとめていたのである。この現実に応《こた》えた兼良には、むしろ高い評価が与えられてよかろう。

兼良が『樵談治要』などを将軍家に呈したことを冷笑したものもある。足利将軍家の行状を知る者にとっては、馬の耳に念仏ということ以上に無駄と見えたろう。他でもない、兼良の息子である大乗院尋尊が、「犬の前の説経、用に立たざる事なり」と評している（『大乗院寺社雑事記』）。兼良にこの種の反省があったろうか。もちろん、この書の撰進が相当の賞与をうけるものではあった。しかし、兼良は決して無駄とは思わなかったろうし、かかる疑念は持たなかったと思われる。

将軍義尚への影響

これらの兼良の撰進は決して無駄ではなかった。将軍義尚はついに寺社本所領復興政策を打ち出した。その命に服さなかった近江(滋賀県)の守護大名六角高頼を討ち、延徳元年(一四八九)、義尚はその陣中に没している。兼良の所論も義尚らを動かしたといえよう。しかし、兼良の説くような「道理」どおりには世の中は進まなかった。兼良などでは窺知《きち》できぬ新らしい「道理」の世界が黎明《れいめい》をつげていたのである。

七　『源氏物語』憧憬

兼良は博学

健康と環境とに恵まれ、またせんさく好きの兼良が博学となるのは当然であった。しかも、この当時の学問の方法といえば、まずテキストを書写せねばならない。その全部を書写するばあいも、抄出するばあいも、また覚書とするばあいもあろう。したがってその数量も多くなるし、これが後世からは著作とされてしまうこともある。

著作多し

兼良の著作は多い。しかし、厳密にいえば、その著作は少なくなる。いま、兼良の著作書目を簡便に知ろうとすれば『群書一覧』（尾崎雅嘉（文政十年没）著）などがある。ここ

著作目録

に、兼良の著作書目を最も多く載せる『辨疑書目録』（中村富平編、宝永七年板行）によってその著作を見よう。

日本紀纂疏八冊　公事根源三巻　暁筆記二十冊　梁塵愚案鈔二巻　四書童子訓二巻　五経鈔　寝覚記三巻　鴉鷺《あろ》物語三巻　樵談治要一巻　歌林良材二巻　新玉集　邪説論一巻　東流記一巻　明玄記上中下　清水寺記一巻　仏氏論八巻　古今大歌所鈔一巻　東斎随筆一巻　文明一統記一巻　(源氏)和秘鈔一巻　和訓押韻一巻　勧修念仏記二巻　源語秘訣一巻　源氏物語年立《としだて》一巻　世諺《せげん》問答一冊　漢和式目一冊　小夜《さよ》のねざめ　語園二巻　燈下吟談十巻　豊秋津嶋卜定記《ぼくじょうき》　令抄《りょうしょう》十巻　花鳥余情《かちょうよぜい》二十巻　古今秘鈔一巻　源氏和字鈔六巻　関藤《の》川記　伊勢物語愚見鈔五冊　重編職原抄《しょくげんしょう》一巻　筆之荒《すさび》一冊一説ニ二条殿良基公作トイフ、　連珠合璧集《がっぺきしゅう》二巻　雲井之春一巻　節会次第一巻　元亨釈書《げんこうしゃくしょ》註一冊　江《ごう》家次《し》第《だい》鈔四冊　連歌新式目一巻(新式今案追加カ)　連歌初学鈔一巻　精進魚類物語二巻　尺素《せきそ》往来一巻　桃花蘂葉《ずいよう》一巻　除官雑例一巻　御譲位御即位御禊《ごけい》大嘗会和字鈔一巻

抄出・註釈・評論・随筆・戯作《げさく》などにわたる兼良の著作の大要がここに知れる。これに洩れたものもあるが、その大要はこれに尽きる。

公事の研究

兼良の研究は、その処女作の書名に奇《く》しくも掲げられているが、公事《くじ》の根源を究めるものであった。もちろん、詩歌《しいか》管絃《かんげん》の道も公事である。この公事の根源をさぐるため、学は和漢にわたり、神儒仏の三教にも及んだ。

歌学・歌道

そのころ、歌学・歌道といえば、藤原定家の『新古今』を顧ることであったが、なお『古今』などの「三代集」の昔にさかのぼり、さらに『伊勢』『源氏』が歌道の宝典視されるに至っていた。すなわち、歌道においても復古主義あるいは古典主義思潮がおこってきたのである。とはいえ、新古今時代はともかく、源氏・古今の時代を究めることは時代も隔たっていることゆえ容易ではなかった。負けずぎらいの兼良はこれに挺身《ていしん》したし、公事の究明からこれに進んだのは賢明な策であった。

源氏研究

兼良の業績として第一に挙ぐべきものは『源氏物語』の研究である。その大成は文明四年、七十一歳の奈良疎開中に成った『花鳥余情』であるが、ここに至るまでに、その難語を解釈した『源氏物語和秘抄』（宝徳元年作といわれる）、光源氏の年譜である『源氏物語年立』（享徳二年作といわれる）がある。この『花鳥余情』の奥書に、兼良は「玩《もてあそび》二紫式部源氏物語之詞一、篇々通《じ》二至教之命脈《を》一、句々貫《つらぬく》二和歌之骨髄《を》一」と記している。歌道の宝典としての研究であったことが知れよう。また『花鳥余情』に対して、仏教教理的解釈の弊が指摘されているが、この奥書によってもそれは是認される。

源語研究には、すでに評論として『無名草子』があり、四辻善成《よつつじぜんせい》の『河海抄』の考証学的研究、長慶天皇の『仙源抄』の語句解釈などがあった。兼良の『花鳥余情』はこれらの集大成であるが、その多くは『河海抄』に負っておる。しかも評釈とすれば仏教教理によるほかはなかったろう。それが時代思潮であって、兼良もこれを脱することはできなかったといえよう。ともかく、『源氏物語』を和歌の宝典視したのは兼良の創見ではない。しかし、これを確立したのは兼良であるといえる。兼良に源氏談義が公家・武家から請われた。兼良の著作も書写が重ねられた。

兼良の源氏研究の影響

文明十年七月のことであるが、兼良の息の大乗院尋尊も、『源氏物語』についての詳しい註記をその日記にとどめている。四十四帖の題名のいわれを宇治十帖とあわせ掲げたり、清少納言の追加七巻の巻名を註している。また源氏諸本や研究書も列挙しているが、そのうちに、一条家には源俊房《としふさ》（一一二一年没）の黄表紙本が相伝されていたと記している（『大乗院寺社雑事記』）。兼良の源氏研究のよりどころとなったろう。尋尊はとくに兼良から『源氏』の談義をうけたというのではなかったが、兼良によってその関心をそそられたと見ることはできる。こののち、『源氏』が大小名たちの間にもさかんに流布して行くが、兼良が集大成的研究を行なったこと、さらに歌道の宝典としての位置づけをしたことが、その流布をさかんにしたものといえよう。

兼良の源氏研究は先人の研究の集成

兼良の源語註釈も、見方によれば、前代の研究書の集成あるいは修訂にしかならない。その評論も仏教教理に堕《だ》するというものだろう。兼良の著作全般を通じ

先人の研究を追う

て、それが集大成であり、したがって入門書的なものであったゆえんである。考証学者であり、博識であった兼良が当然辿《たど》るべき道程であった。しかも兼良の著作は、前代の公卿が手がけたものは、すべて自分もこれを行ない、その博学を誇ろうとしたためのものである。したがっていっそう修訂書のようなものになったのである。二条良基が公事《くじ》を探究したので、兼良は『公事根源』を著わす。良基の連歌式目の制定に対しては、『新式今案並追加』を記すといったぐあいである。また、歌入り紀行文が世に行なわれたのに対しては『ふぢ河《かわ》の記』がある。この『ふぢ河の記』を作るために、美濃に下向したといえぬこともない。さきに兼良が菅丞相《かんじょうしょう》にも負けぬと豪語した話を掲げたが、目に触れ耳に達した先人の業績に対しては、直ちに自分もその著作を行ない、これにまさるものがあるとして自己満足せねば止まなかったのである。そのため、かえって新分野や理論の展開には欠けたといえよう。

尺素往来

往来ものが流布したので、兼良は『尺素《せきそ》往来』を著わした。『東斎随筆』や『語園』などとともに、その博識ぶりを示したものである。『精進《しょうじん》魚鳥物語』や『鴉《あ》鷺《ろ》物語』となると、兼良の著作か否かの疑問もある。これも文字の遊戯といえる。

兼良に対する時代の影響

しかし、兼良を守旧的人物と評し、その学問は先人の研究の集大成にしか過ぎないといっても、それが無智な守旧であったり、機械的な集大成であったのではない。やはり、その生来の叡智《えいち》と長年月の研鑽《けんさん》とがひらめいた。たとえ、単なる繰り返しであったとしても、そこに何等から進展が見られるという環境が出現していたはずである。まさしく時勢の進展が大きくあった。

武家故実の成立

例えば、公事《くじ》の研究にしたところで、それは公家のそれだが、それになぞらえて、武家が自らの武家故実《こじつ》や年中行事を樹立しようとする時期に際会した。もとより公家のそれを範としてである。将軍家の礼法や行事が成立してくるのは、足利義教の時代といってよい。「伊勢流」とか「小笠原《おがさわら》流」などの武家礼法が現われてくる。これが、応仁乱後の東山時代に洗錬されて確立するのである。兼良に『二判問答《にはんもんどう》』の著があるが、これは幕臣の二階堂政行に対し、その有職《ゆうそく》の問に対して答えたものである。証拠はないが、大内政弘などの大名にも、『律令』や『江家次第』などの公事の書物に対する兼良の註釈書が伝えられたことであろう。これらの戦国大名たちは、やがて「分国法《ぶんこくほう》」を制定するのである。将軍家などの貴族武家に始まって、地方大名などが学問、というよりか広く文字に関心を有してきたのである。

二判問答

地方大名の好学

『源氏物語』にしても、公家貴族の占有物ではなくなった。足利義満時代の管領《かんれい》斯波義将《しばよしまさ》が、武士が教養を得るためには、『源氏』もその必読書の一つとしてあげたりしているが、そのころからは大名や将軍家近臣の間に流布するに至った。源語を識《し》る層が厚くなってきた。このような傾向が、源氏研究の公家衆たちに影響を及ぼさぬということはない。兼良の源氏研究にしても、しぜん、そこにおこ

源氏物語の流布

時潮に応ず

る要望にこたえるものとなったといえよう。みずから先人の研究を追うが、新らしい世代に応ずるものとなるべきであった。先人の研究の集大成であり、そこで「残れるをひろひ、あやまりをあらたむる」(『花鳥余情』)ものとはいえ、そこに異なったものが生じた。もちろん、その学殖《がくしょく》もこれに加うるものとなった。兼良が提出した成果は、その註釈において、煩瑣《はんさ》な考証は捨象《しゃしょう》し、文意をとらせるということにあった。理解を容易にしようとするものであった。要点の平易化ともいえる。いわば大衆の理解に応ずるものであった。入門書的との弊も指摘されようが、古典をその時代に蘇《よみ》がえらせるものであった。

文化の宝典

兼良の時代以後、源語の普及はいちじるしい。戦国の畿内大小名たちの子女たちには、嫁入り道具の一とさえなったといってよい。もちろん、地方大小名もこれを求めた。これが歌道の宝典ということを超えて、平安貴族の生活記録、すなわち文化の宝典としてそれが迎えられた感があることはすでに述べた。

三条西実隆らの推進

この普及には、さらに三条西実隆などの公家衆の研究の推進、あるいは宗祇などの連歌師の実際活動が与って力あるものだったが、それが兼良の研究の祖述であり、あるいはその推進であったことはもちろんである。もとより、兼良の学殖に根源するものであった。当然、その多方面の業績も仰がれた。兼良の嗣子となった実子の冬良も、公家衆として重きをなしていたが、それは兼良の秘籍および業績を納める「桃華坊《とうかぼう》」の主人であったからに他ならない。書物も少なかったし、とくに秘伝などを多く盛った書物を持つことは、公家衆としての生命であった。しかも、その伝授を願うものが多くなってきた。

兼良のゆえにその子冬良も重んぜらる

戦国時代には学問が普及す

兼良の活躍した東山時代からそれ以後は、戦国時代とはいうものの、それゆえに新興層の輩出と生活の向上とが見られた。そこで文字に関心を持ち、ものを考える層が厚みを加えてきたのである。これは学問の進歩、社会の発展となる要因であった。文化とても同じである。東山時代はその劃期となるものであった。いわゆる近世の黎明期である。

近世の黎明

兼良は和学の祖

兼良は、和学の祖といわれる。和学は近世に至って国学に発展するが、その淵源は兼良に発したといえる。兼良の時代は、近世の胎動期といえる東山時代であった。その東山文化が、わが伝統文化に発展したのと同じく説明される。

源氏物語は東山文化の宝典とさる

東山文化の宝典も『源氏物語』とされた。この宝典をその時代に蘇《よみ》がえらせたのは兼良であった。東山文化の発展は、さしずめ『源氏物語』の流布であったし、むしろそれは、『源氏物語』の世界が広がるというものであった。もとより、その憧憬《どうけい》に過ぎない。兼良の源氏研究もその世界の憧憬であったし、遂にはこれを体現したとさえいえる。そこで兼良は東山文化人に仰がれたし、ながく後世に『源氏物語』の憧憬を醸成《じょうせい》せしめ、その世界を世人の身近かなものとしたのである。

戦国大小名などの『源氏物語』の憧憬が、その全巻を読破するものであったか、あるいは床飾り的のものであったかなどということは問う必要はない。

八　二十六人の子女

その子女

貴族であって八十年を生涯としたから、兼良の一族は多い。その妻妾や子女を列挙してみよう。一条家の系図は、『尊卑分脈《そんぴぶんみゃく》』から『一条家譜』に至るまで数種あるが、いずれもその世系を明らかにするためのものであって、子女のすべてを網羅《もうら》したものではない。たまたま、一条兼良の息大乗院尋尊が書写した『摂家

摂家系図

系図』が東大史料編纂所に所蔵されている。これは、尋尊が兼良の手沢本《しゅたくぼん》を書写したか、あるいはその指導をうけて、尋尊が修訂した系図である。兼良の系図としては、最も正しいし、精彩に富む。いまそれに従って説述する。

教房

1　教房《のりふさ》　母は小林寺殿《しょうりんじどの》。応永三十年誕生。兼良の二十二歳のときである。世子として官位が昇進し、長禄二年に関白・氏長者となる。応仁の乱に奈良に疎開し

孫、政房

（摂家系図）　　（東京大学史料編纂所所蔵）

たがその室の宣旨局《せんじのつぼね》（二条局）の縁者をたより間もなく家領の土佐（高知県）幡多庄《はたのしょう》に下る（八三ページ参看）。文明十二年十月五日、幡多庄中村において死去。妙花院殿《みょうけいんどの》と称せられる。その長子の政《まさ》房《ふさ》は、権大納言に進んだが、祖父の兼良と奈良に疎開し、ついで摂津福原庄に赴いたが、応仁三年十月、山名・赤松の軍勢のために横死《おうし》した。享年二十四歳。政房の女二人は出

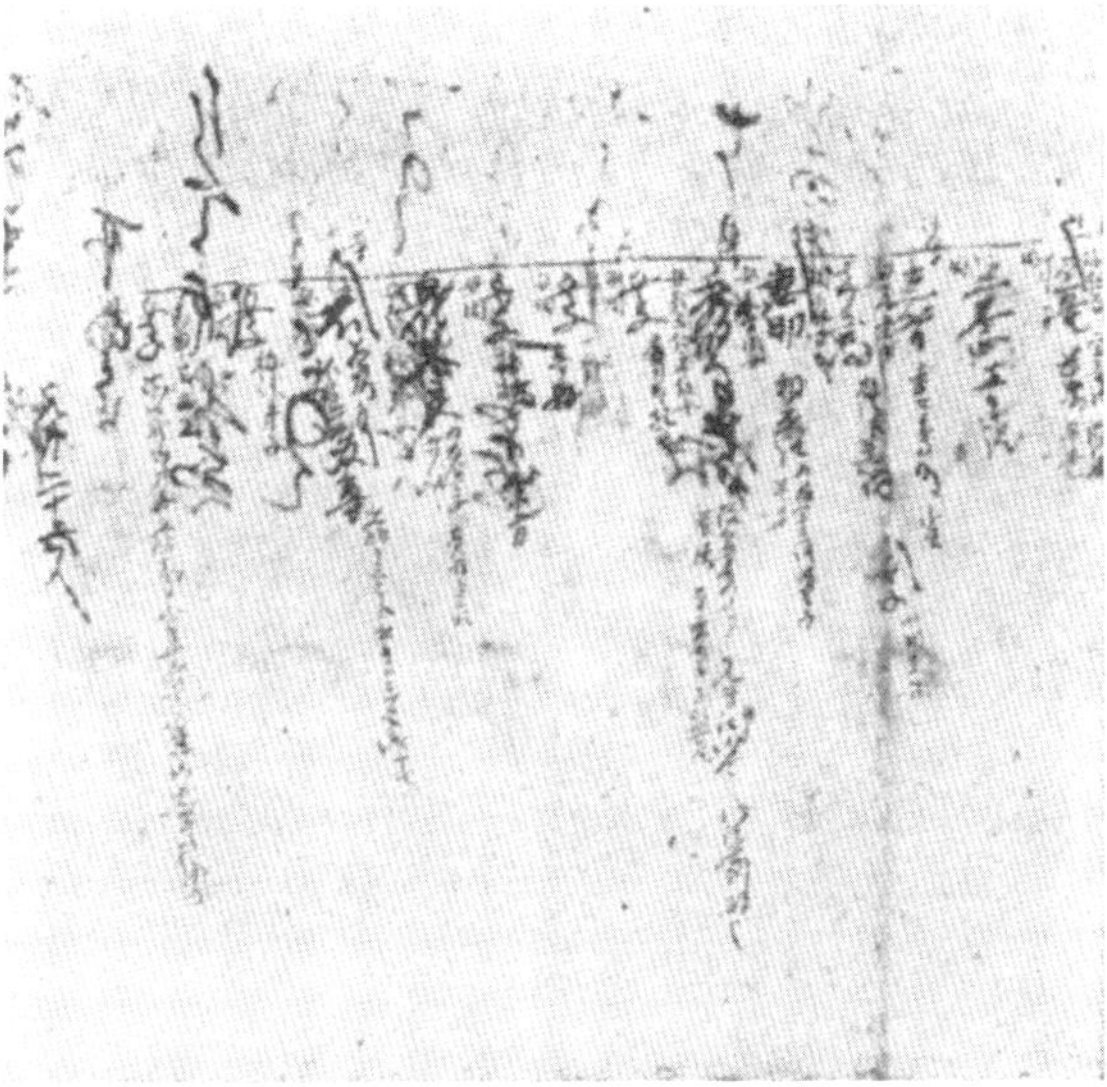

兼良の子女

家した。政房の同母弟に尊仁があり、菩提院《ぼだいいん》僧正と号した。兼良は実子の冬良を教房の嗣として一条家をつがせた。教房は冬良の土佐下向を欲したが、下向はなかったらしい。土佐においては政房の異母弟の房家が土佐一条家をおこし、土佐国司と称せられ、国衆《くにしゅう》たちに推戴された。なお文明九年に誕生した教房の男子が、翌十年に奈良に上って大乗院

尋尊　厳宝

に入るが、その消息は詳《つまびら》かでない（『大乗院寺社雑事記』）。

2 尊秀尼　母小林寺殿。律宗招提寺末寺の山城八幡の一乗院に住持す。

3 教賢　母小林寺殿。宝池院僧正。

4 君　母小林寺殿。早世。

5 尋尊　母小林寺殿。大乗院門主。永享二年生。永正五年五月寂。その日記が『大乗院寺社雑事記』である。

6 女子　母小林寺殿。梅津是心院に入ったが早世。

7 厳宝　母小林寺殿。東寺随心院大僧正。東寺一長者。東大寺別当に進む。准三宮。兼良の側近に常にあった。文明十三年十二月寂。これは兼良の兄の随心院祐厳の法嗣となったものである。

8 君　母小林寺殿。東福寺不二庵《ふじあん》に入ったが早世。

9 君　母小林寺殿。早世。

10 君　母小林寺殿。早世。

11 秀高尼　母小林寺殿。嵯峨恵林寺方丈《ほうじょう》。

12 良鎮　母小林寺殿。曼殊院大僧正。北野社別当。兼良の兄良忠の子の竹内門跡曼殊院良什《りょうじゅう》准后の法嗣である。

13 桓澄　母小林寺殿。宝寿院権僧正。実乗院門主。文明三年八月、奈良において寂。享年三十歳。兼良は甥の桓昭を猶子《ゆうし》としてそのあとへ入れた（『大乗院寺社雑事記』）。

14 慈養　母小林寺殿。直志院。ここへは兼良の甥の秀明《しゅうめい》が入寺していたので、その法嗣である。

15 光智尼　母家の女房。法華寺に入る。香台寺殿といわれた。

16 女子　母家の女房。早世か。

17 了高尼　母小林寺殿。梅津是心院主。

18 恵助　母家の女房。宝徳二年誕生。後崇光院《ごすこういん》上皇の猶子として仁和寺相応院に入る。文明九年五月、加賀の芝山《しばやま》寺において寂す。二十八歳といわれる(『大乗院寺社雑事記』)。

19 秀賢尼　母従三位源康俊の女。享徳二年生。法華寺長老。はじめ尊秀と称した。

20 経子　母康俊の女。文明二年、奈良において鷹司政平に嫁《か》す。女子で俗世にあった唯一のものである。

21 尊好尼　母康俊の女。長禄二年誕生。十真院。

22 宗方尼　母康俊の女。桂林寺殿といわれる。

23 冬良　母従三位町《まち》顕郷《あきさと》の女。寛正五年誕生。教房の順養子として一条家を家督。兼良の死去した文明十三年には十八歳で権大納言左大将であった(『公卿補任』)。

24 政尊　母顕郷の女。華頂殿。円満院に入る。文明十三年六月寂。享年十七歳。なお、文明六年六月に東大寺東南院門主となった十歳の男があるが(『大乗院寺社雑事記』)、恐らくこの政尊であろう。

25　女子　母顕郷の女。文明四年三月誕生。梅津是心院に入る。

26　女子　母顕郷の女。文明八年誕生。同十四年八月、七歳のとき、義政夫人富子の猶子として宝鏡寺本光院の弟子となった。本光院尼は将軍義尚の姉で、南御所と称せられ、当時、天下の分限者《ぶげんしゃ》といわれた。兼良の遺言によるという（『大乗院寺社雑事記』）。

七十五歳で女子をもうく

以上二十六人が数えられる。後水尾天皇の皇子女四十五人というのに比べれば多いとはいえないが、満七十歳と七十五歳とにそれぞれ女子をもうけているのは稀有《けう》というべきであろう。男女ほぼ同数だが、そのうち夭折《ようせつ》したものも多い。この子女たちの男子一人を家督のためにのこし、その他は出家せしめている。家族制ないし経済関係によるものである。その出家入寺は、南都の興福寺・法華寺、北嶺の山門・寺門、真言の東寺・醍醐寺・仁和寺、禅宗の東福寺・梅津是心院・

子女は門跡塔頭に入室す

恵林寺にわたっている。その多くは一条家が管領した諸寺の門跡・塔頭《たっちゅう》を相承《そうじょう》せ

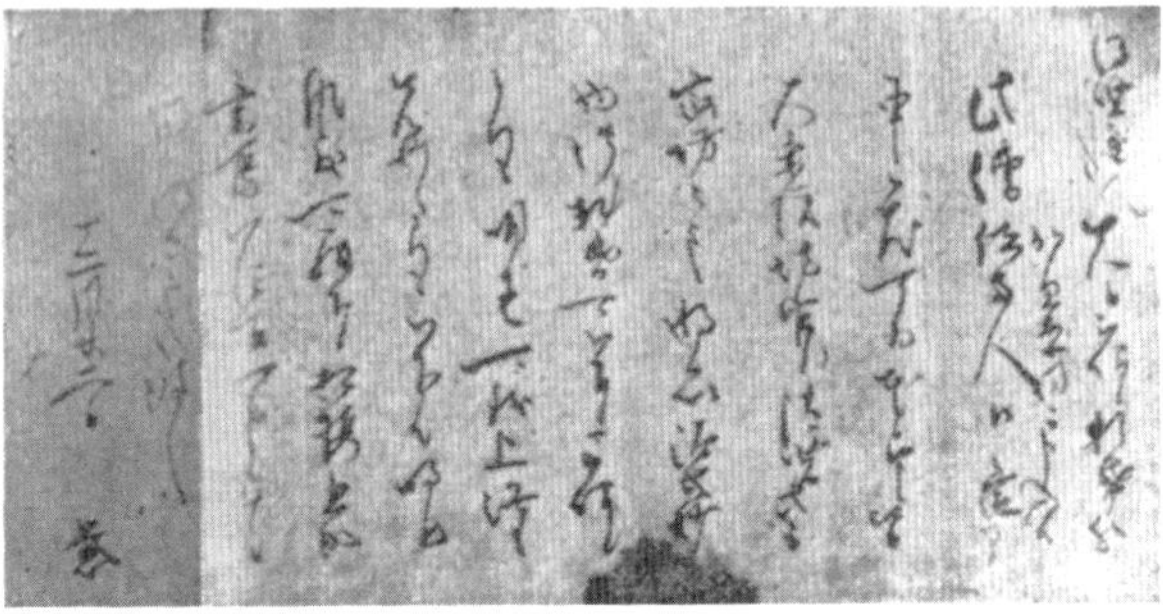

一 条 兼 良 書 状　（北白川宮家旧蔵）

（ここに掲げた兼良の自筆書状は，その筆蹟のうちで最も格調が高い。奈良疎開中，禁裏の按察局に遺ったものである。）

先日被レ仰《せ》候料帋之義、
加《え》二思案《を》一同《じく》可《く》二申入《る》一候、
得二賢慮《を》一候哉、
此僧位兩人口宣事、
申御沙汰可《く》レ爲《る》二本望一候、皆
大乘院坊官《に》候、清賢此方
宿坊々主《に》候、将亦《はたまた》源氏抄
物御料帋可《き》レ被《る》レ下之由被レ仰《せ》候、
とても明春可《く》レ致《す》二上洛《を》一候、
先少々にても被レ下候者、明旦
風《ふ》度《と》可《く》二罷下《る》一候、相携《え》且《つ》加《え》二
書写《を》一、以《て》二便宜《を》一可《く》二進上《す》一候、
同得二御意《を》一候哉、謹言、
十二月廿二日　〔覚恵〕（花押）

しめたものである。この寺院の管領ということは、はじめは一門の繁栄を願うために寺院を建立し、その子弟を住持せしめるという氏寺的のものとしたのであるが、これが余剰の子弟のはけ口となったり、中には家門の経済的支柱となったものもある。一条家にはかかる寺院が多かったから、兼良に子女が多くとも問題はなかった。そのうち、経済的に最も恵まれたのは、興福寺大乗院門跡をついだ尋尊である。この尋尊がおったことで、兼良一族が奈良に疎開できたのである。

この子女の母たちは四人が知られる。兼良の正妻は小林寺殿《しょうりんじ》である。

妻　妾

小林寺殿

1　小林寺殿　権中納言中御門《なかみかど》宣俊《のぶとし》の女。子女十五人を持った子福者である。兼良と好一対というべきである。応仁二年に兼良に従って奈良に疎開したが、文明五年正月に美濃(岐阜県)の守護代斎藤氏を頼って下向し、鏡島《かがしま》に庵居した。この下向は、その東御方と称せられたのに対し、南御方と称せられる側室になお子女が生まれたりするので、兼良のもとを去ったのかもしれない。末子の梅津是心院了高尼を同行しているし、その息の曼殊院良鎮が美濃に下向していた。その五月、兼良が随心院厳宝を伴って鏡島に下向したので、夫妻子女の家族団欒《だんらん》のこともあったが、同年冬に至って病を生じ、十一月十八日に良鎮や了高に看《み》とられながら死去した。享年六十九歳。尾張（愛知県）瑞龍寺《ずいりゅうじ》長老を導師として、小林寺において盛大な葬儀が行なわれた。兼良および大乗院尋尊はおのおの千疋を贈り、持是院（斎藤）妙椿《みょうちん》もまた千疋を寄せ、六千疋余を費した葬儀といわれる。小林寺殿と諡《おくりな》された。法名を浄貞《じょうてい》、道号を松室《しょうしつ》という。尋尊も母に当るので、兼良の居所の成就院《じょうじゅいん》において、その源氏の間《ま》を仏間とし、忌日の仏事を勤修《ごんしゅ》した（『大乗院寺社雑事記』）。

2　家女房《いえのにょうぼう》　一男一女がある。兼良が侍女を妾としたものであろう。

3　源三位入道康俊の女　康俊は一条家の諸大夫《しょだゆう》だったろう。宮内卿に任ぜられ、従三位に進む。出家して常俊という。文明九年六月に死去した（『大乗院寺社雑事記』）。その女である。兼良の側室となり、大納言局といわれたらしい。兼良に従って奈良に疎開していた。法華寺秀賢や鷹司政平室の母だったので、兼良の死後は出家し、安泰な生活を送ったものであろう。近衛殿とも称せられたようである。明応元年に大乗院尋尊を訪ずれているが、その晩年は詳《つまびら》かでない（『大乗院寺社雑事記』）。

三条局　4

従三位町顕郷の女　顕郷は一条家の諸大夫である。治部卿から従三位に進んだ。その猶子がなお教房の側室となっていたので土佐幡多庄に下り、文明十一年五月に同地で死んだ（『大乗院寺社雑事記』）。兼良の側室となったその女は、はじめ権中納言局、のち三条局と呼ばれた。また南御方ともいわれた。冬良の母である。兼良の死去のさい、出家はしなかったらしい（『大乗院寺社雑事記』）。延徳二年十月に死んだ。『実隆公記』によると、数日血塊の所労で四十八歳を以て死去したが、兼良の老後の寵愛者で、法華寺・本光院・是心院の附弟らが一腹だとある。尋尊は三十九歳と記している（『大乗院寺社雑事記』）。冬良が生れたのは寛正五年だから、三十九歳とすると、三条局は十二歳となる。したがって、三条西実隆の記す四十八歳が正しかろう。しかし、法華寺尼はその腹ではない。ともかく、血痰の病というから、結核であろうし、それゆえ美人であったかもしれない。寵愛者《ちょうあいしゃ》というあたり、それをしのばせるものがある（『後法興院政家記』）。兼良が七十五歳で女子をもうけたのもこの腹である。

兼良の妻妾は以上四人がまず知れる。その死去のとき、女中衆上下五人が出家したと大乗院尋尊はいっている。八十歳の兼良では、いかに精力旺盛とはいえ、そのすべてが妻妾ではなかろう。

さきの『摂家系図』の子女の記載順序は、年齢順に正しく記されているようである。兼良と夫人の小林寺殿とは、三歳ちがいの夫妻ということになるが、初めはその腹の子女のみである。その数が多いことは、はたして夫人の一腹であったかと疑わせるが、いちおう記載を信じておこう。兼良が四十五－六歳に至って始めて側室の子女が見えてくる。小林寺殿が初老に達したことから、始めて侍妾を置いたものかと思われる。家の女房といっているのは、侍女のうちふと兼良が寵愛し、やがて側室としたものであろうか。小林寺殿は兼良の寵を一身にあつめていたといえぬこともない。また兼良も老年に至って、かえって精力旺盛となったことかとも思われる。妻妾の人数などについては、貴族としてはなんら制限されるところはなかったし、夫人も側妾のことについては抗議するほどのことではなかった。それが老年に至るまで正室以外の妻妾の子女が見えないことは、兼良が文安四年に関白の地位を確保するまで、婦女に近づく余裕もなかったのではないかとも推察させられる。この関白に任ぜられたことで、気分も軽くなり、側室等も置くに至ったことかとも思われる。この転機を考えると、兼良の性格も明らかになりそうだが、これ以上の推測はとどめて置く。

兼良はその子女のうちでは、教房の息で兼良には孫にあたる政房を寵愛してい

冬良の孝養心薄し

たかと思われる。貴族社会のことだから、親子間の愛情ということなど、きわめて淡白なものであろうから、これを常例ではかるわけにはいかないが、孫を子よりも寵愛するということでもあった。この政房の横死によって、そのあとに実子の冬良をすえた。この冬良はまさに老後の幼児であり、しかも愛妾三条局の腹である。その家督は、兼良をいっそう満足せしめたにちがいない。ところが、冬良にとって、兼良に対する実父という親愛感は、その年齢差から稀薄だったのではなかったかと思われる。太閤・太政大臣ないし学者としての兼良に尊敬を払うことに急で、父としての兼良に対する敬愛の情にはやや欠けるところがあったのではあるまいか。冬良は兼良の忌日・年忌等の仏事はもちろん行なっている。その十三回忌に当る明応二年（一四九三）には、兼良に親しかった公卿らに追悼和歌を求めたが、その題に『孝経』の文を指定するなどのことがあった（『後法興院政家記』）。しかし、型どおりのものといえぬこともない。兼良の死去の年内には、東福寺の要望にもかかわらず、その石塔の建立はできなかった。冬良にその費用がなかったためでもあろう。しかし、冬良が積極的になれば、兼良の子女である兄弟たちの合力《ごうりき》もあったのであるから、できたはずである。冬良の兄にあたる随心院厳宝が、その兄の大乗院尋尊におくった同年十月十日付の手紙によると、冬良はこのころとんと厳宝に交際しない。また冬良は兼良の墓所へ参ったこともないし、墓へ納骨もまだしていないといって嘆いている。冬良は年少である。また家来たちも、兼良からの譜代のものもいなかったのであろう。とくに冬良の夫人は、兼良が執柄の職を争った二条家の政嗣の女であった。かれこれ、年少時代の冬良には、亡父追善というような心情はなお稀薄だったといえよう。あながち、経済窮迫のためばかりでもあるまい。明応元年に至って兼良の石塔は建立された。東福寺の塔頭《たっちゅう》常楽院の一条家墓所にである（『大乗院寺社雑事記』八五ページ参看）。支配階級として、その伝統の社会にあった貴族たちであったから、その家族の情愛なども相互に冷たく、きわめて没人間的なものであったといえよう。

兼良の子女は多かったが、その正妻の小林寺殿の腹のは十四人のうち七人も早世している。その他にしても、早世したものもあるが、ともかく兼良には晩年の子が多い。家庭的には、兼良は恵まれなかったということができる。

兼良の兄弟

兼良の子女のうち、大乗院尋尊が文筆に長じたほかは、この方面で活躍したものはない。なお、その子女で禅寺に入室したものが、その数は少なかったこととも に成育しなかったことに関係があろう。兼良の兄には、東福寺住持の一慶雲章《いっけいうんしょう》や南禅寺住持の東岳澄昕《とうがくちょうきん》がある。雲章は碩学《せきがく》の誉れが高く、東岳は遣明使《けんみんし》となっている。この禅門に入った兼良の子女は少ない。禅寺、とくに五山などでは、貴族

一条家の諸大夫

仏教寺院のように摂家子弟に特権の座を設けなかったためであろう。摂家子弟などは、僧侶修行には堪えられるものでなく、その貴種《きしゅ》ということが通用した貴族仏教寺院のみにこれが送られたというわけである。

なお、ここに兼良の諸大夫、すなわち一条家の執事について附記しよう。兼良の側妾の大納言局の父の源康俊、三条局の父の町顕郷がそれである。しかし、応仁・文明の頃には、松殿《まつどの》忠顕《ただあき》がこれに任ぜられた。忠顕はのち権中納言に昇進している。これらは兼良の旨を奉《う》けて、家政にあたる。兼良の御教書《みぎょうしょ》を奉行《ぶぎょう》したりするのである。例えば、文明九年十二月十三日に、兼良は浄土宗の誓願寺に京都一条小川の地を安堵《あんど》せしめているが、その御教書を忠顕が奉行している。

一条北小川面敷地、南北廿一丈三尺、東西拾七丈五尺の事、御寄進の状にまかせ、寺家の知行、相違あるべからざるのよし、禅閤殿下の御気色《みけしき》候ところ也、仍て執達くだんの如し、（原文は漢文体）

文明十年十二月十三日　　左中将（花押）

誓願寺住持　　（『誓願寺文書』）

この左中将が松殿忠顕である。なお、摂政・関白に在任中は、南曹弁《なんそうのべん》（勧学院を南曹という。勧学

院別当には弁官が任ぜられる例なので、これを南曹弁という。）が摂関家の政務に当る。なお兼良の関白家御教書として、

大和国仲川庄の事、後普光園摂政殿（二条良基）の御寄附の例を以て、当山に御寄進あるところなり、永代、知行を全うし、天下泰平・御家門安全の御祈禱を致さるべきの由、関白殿の御気色候ところ也、仍て執達くだんの如し、（原文は漢文体）

応仁二年七月八日　　和泉守（花押）

多武峯撿校三綱《けんぎようさんごう》御中

（『談山神社文書』）

というのがある。この和泉守は南曹弁であるべきだが、応仁の乱が勃発したころなのではっきりしない。南曹弁には坊城俊顕に代って町広光が任ぜられたころなので、いちおう広光としておこう。あるいは、兼良が藤原氏の氏《うじの》長者《ちょうじゃ》として長者宣《せん》を発行したのかとも疑えるが、これは関白家御教書で長者宣ではない。ともかく和泉守の名がはっきりしないのは遺憾である。

九　一条家の経済

一休和尚兼良の窮迫をいたむ

応仁の乱によって一条家の経済は破綻《はたん》し兼良は窮迫した。かの一休和尚は兼良の窮困をいたんだ。

嘆《く》ニ一条殿《の》飢渇《を》一

五車《の》書籍入《る》ニ吟哦《ぎんがに》一　摂録(籙)《の》佳名知《るもの》幾多

一滴我《に》無《し》　金掌《の》露　相如《しょうじょ》渇望竟如何《ついにいかん》

一条殿の飢渇を嘆く

五車(たくさん)の書籍、吟哦(吟咏)に入る、摂籙《せつろく》の佳名、知るもの幾多ぞ。

一滴我に無し、金掌の露、相如(兼良)の渇望、竟に如何。

兼良が東山の光明峰寺に疎開した書籍も焼かれ、その一条室町の邸宅も焼けた。

九条随心院に身を寄せたのもつかの間、奈良に下向《げこう》せねばならなくなったころのことであろう。しかし、奈良では露命はつなぐことはできた。

窮迫も窮通の途あり

ともかく、窮迫といっても斜陽《しゃよう》貴族には窮通の途はあった。むしろ、数十人の家族を擁したその生活をなお切り詰めながら保っていたのである。むしろ、その周囲の苦労がたいへんだったといえよう。

兼良は応仁大乱の動乱期を奈良に避けることができた。これは幸運であった。世の中が少しおさまってくると、斜陽貴族などには、これを利用しようとするものもでてくるからである。

新興階層の貴族仰慕

戦争は新興階層を生む。新興階層は旧支配階級の貴族を夢みてその闘争をかちとってきたのである。いったん、安定の域に近づくと貴族生活の展開をはかるし、貴族に交《まじ》わりを求める。旧貴族には新興階層に対する蔑視《べっし》はある。しかし、新興階層の実力攻勢のため、漸次《ぜんじ》その蔑視も薄らぐし、遂には新興階層の尊重になれて、その利用に転ずるものすらある。ともかく、庶民の窮困とは異なるものがあった。

摂家の家柄と学問とで生計を立つ

兼良のばあい、摂家の家柄と学問とがその窮迫を救ったといえる。将軍家、とくに日野富子が庇護《ひご》したのもこのためであるし、斎藤・大内などの大名が献金したのも同じである。この大名の献金には連歌師宗祇のあっせんがあった。

兼良の焦慮を嘲る

兼良をいわば学問の切り売りをするもの、蔑視すべき新興権力に媚《こ》びるものとしてこれを批難する声はあった(『晴富宿禰記』)。しかし、その声こそ、むしろ敗者の負け惜しみというべきであろう。

奈良疎開

兼良が奈良に疎開できたのも、興福寺大乗院門跡にその息を入室させていたからであった。興福寺は藤原氏の氏寺である。はじめは祭祀のためにその子弟を入寺させたのだが、寺院の方でも権力者の貴族を進んで迎えるようになった。門跡というのは、皇族あるいは摂関家の子弟が入室する寺坊であり、全寺の権貴と富力とを握ったものである。いつしか門跡は、貴族余剰子弟のはけ場となったし、その家門が不如意になったばあいなどにはこれに活計《かっけい》を与えることもできた。有力寺院には、貴族はその子弟を送って、これを管領しようとした。

桃花蘂葉

一条家がその子弟を入室させたり、管領するに至った門跡は多い。兼良は文明十二年(一四八〇)四月、一条家の当主となった左大将冬良に『桃華蘂葉《とうかずいよう》』を与えた。これは摂家一条家の当主が知っておかねばならない有職や秘伝および財産を記したものである。すなわち衣紋《えもん》・装束および供奉《ぐぶ》行列のことから、公家に対する書《しょ》札礼《さつれい》などの心得に及び、一条家伝世の記録のこと、祭祀すべき寺院のこと、および家領《けりょう》荘園のことを列記している。このうち寺院と荘園とは一家の経済に関することがらであった。その一条家の寺院はつぎのようである。

一条家から入室する門跡

まず家門末子の入室する門跡としては、常住院・大乗院・妙香院・随心院・曼殊院・実乗院・梅津是心院・嵯峨禅恵院・光(香)台寺・法華寺があげられる。ま

管領の寺院

た家門管領寺院としては法性寺報恩院・光明峰寺・東福寺・同普門寺・成恩寺《じょうおんじ》・円明寺・宝積寺《ほうしゃくじ》（宝寺）をあげている（章末の付記参看）。これらの寺々は、一条家だけが独占したというわけではない。家門末子の入室する門跡というのは、主として一条家の子弟が入室するというのである。だいたい、摂関家の子弟が迎えられたのに始まり、この摂関家が五摂家に分立したので、そのうち九条殿流の九条・二条・一条の三家からその子弟が迎えられ、そのうち一条家がとくに縁故が深くなるし、兼良の時代にその子弟が住持していたところをいう。このことは本書第八章を参照して頂きたい。管領の寺院というのは、一条家がその寺院の財産権までをも持っ

東福寺

ていたことだが、このうち東福寺は五山の一である。この寺は九条殿流の三摂家のうち、九条・一条両家が管領したし、実は官寺である。このような寺は、管領とはいえ、その寺に対する一部の支配権を有するに過ぎない。このようなばあい、塔頭《たっちゅう》にその管領の寺院を持つ。普門寺がそれであり、不二庵《ふじあん》などというのもあっ

た。この東福寺以外は一条家の独占であった。なおこれらの寺院のほかに、京都上京小川の誓願寺《せんがんじ》も管領している。永享十二年四月に兼良はこれに寺地を与えているし、応仁の乱後、この寺の復興を助けている(『誓願寺文書』)。

一条家の荘園

一条家の荘園は、『桃華蘂葉』によると、山城(京都府)小塩庄・同久世庄、摂津(兵庫県)福原庄、土佐(高知県)幡多郡(庄)、備後(岡山県)坪生庄、和泉(大阪府)大泉庄、越前(福井県)足羽御厨・同安居保・同保別納清弘名・吹田名・同東郷庄、尾張(愛知県)徳重保・同高畠庄、摂津(大阪府)太田保公文職幷売得田畠、一条室町敷地・一条町口四十町(誓願寺地)・武者小路室町地があげられる。

これらの荘園の沿革も同書に記されている。摂家一条家の成立以来、相伝してきたものが多いが、尾張徳重保《とくしげほ》半分や摂津太田保公文職《くもんしき》は将軍義教から兼良がもらったものである。そのころ荘園は解体期に入っておるし、領主関係が複雑していたので、現地で支配していた代官たちが横領したり、武士の侵略がはげしくなっていた。その収入もとだえがちであった。兼良が将軍義教から両荘園をもらったのも、その救済のためといえる。また義教などは、武士に侵略を停止《ちょうじ》するよう命令を下しているのである。それゆえ、途絶《とだ》えがちだが、若干の年貢は送られてくるので、一条家の経済も底をつくというほどでもなかった。

荘園の崩壊

ところが応仁の乱では、ほとんどこれらの荘園は有名無実となってしまった。ここに一条家の経済は破綻《はたん》した。

なお、関白に任ぜられたばあいはその渡領《わたりりょう》の荘園などからの収益がある。例えば一七七ページに掲げたように、応仁二年七月に大和仲川庄を多武峯《とうのみね》に寄進しているが、仲川庄がその渡領である。この渡領などは関白在任中のことに関するので、ここにはとりあげない。もちろん、それも有名無実となった。　三

福原庄を春日社興福寺に寄進す

奈良に疎開していた兼良は、もちろん荘園の回復をはかった。このとき、春日社興福寺に福原庄を寄進している。

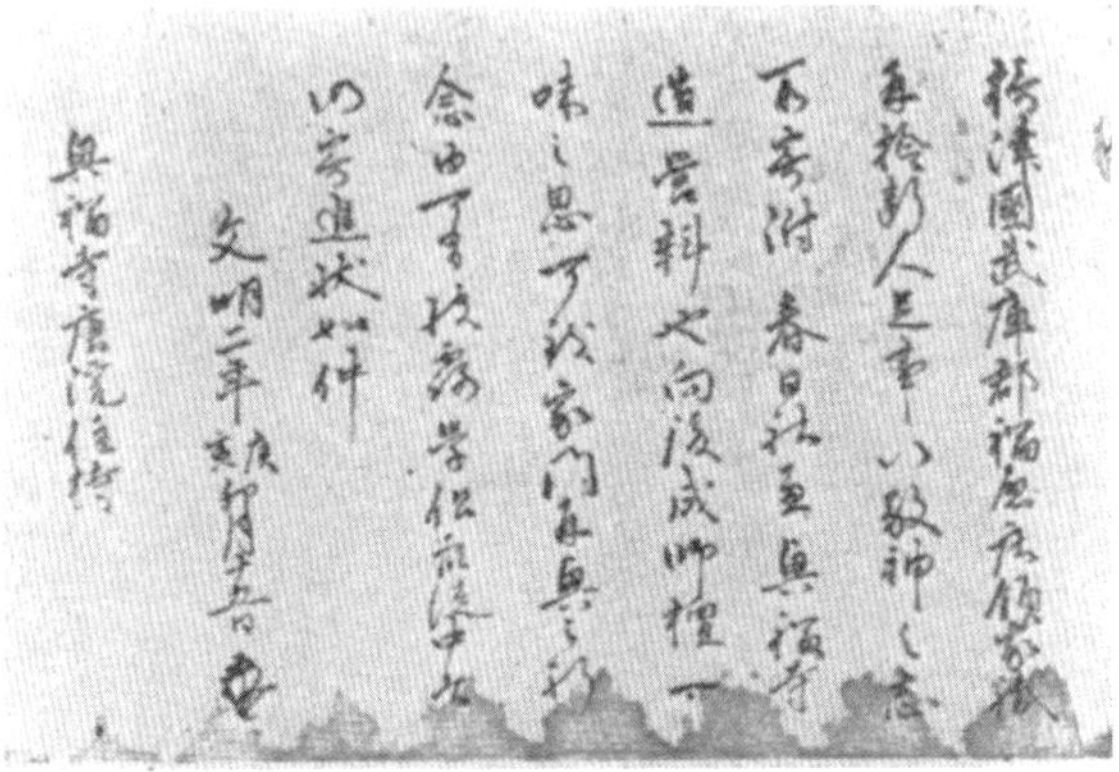

一条兼良寄進状　（春日大社所蔵）

摂津国武庫郡福原庄領家職并《ならびに》検断人足事《の》、以《て》ニ
敬神之志一、所《する》レ寄ニ附春日社兼興福寺造営料《に》一也、
向後《きょうご》成ニ師檀一味之思《を》一、可《き》レ致《す》ニ家門再興之祈
念《を》一由、可《し》レ有《る》レ披ニ露学侶・衆徒中《に》一者《てえり》、仍《て》寄進
状如《し》レ件《の》、

文明二年庚寅卯月十五日　〔兼良〕（花押）

興福寺唐院住持　（『春日神社文書』）

この寄進は、大乗院に厄介になっているので、その礼かたがた、一条家の復興を祈ったかたちである。しかし、あながちそうでもなかった。もちろん、これは福原庄を寄付するというのではない。領家職はともかく、検断

人足というのは、犯罪人捕縛にさいし人夫を徴することで、守護使の得分《とくぶん》（収益）である。この領家職・検断人足の両収益のほかに、一条家は本家《ほんけ》職《しき》を持っていた。一円に福原庄を領有し、代官には守護細川氏の家来を起用していた。検断人足役はその代官に与えていた。この両収益は、さきに将軍義教の代に返付されたものである（『御前落居記録』）。

福原庄の安全をはかる

福原庄は、その名の示すように平氏時代の福原京の地であり、いま神戸市の中心地である。そのころは兵庫嶋の対岸であった。応仁の乱によって兵庫港が戦略拠点となり、細川・大内などの軍勢が攻守の戦を挑《いど》んでいたので、福原庄を戦火からまもり、中立地帯とするには細川方に預けて置いたのではつごうが悪い。もちろん、武士など年貢は納めない。そこで両職を興福寺に与え、興福寺に一庄の支配を委ねることで、兼良は本家職の収益の確保をはかるというものであった。

興福寺兵庫南関を領す

興福寺は兵庫嶋に兵庫南関を領しているし、阪神地帯に多くの荘園を領し、とも

興福寺が福原荘代官のかたち

かく在地武士を抑えて、かつかつながら領有の実をあげていた。福原庄が加わってもさほど手数はかからぬし、兵庫関の関務にも便利が加わるというものだった。兼良にも興福寺にもつごうがよいというので、この寄付のかたちがとられたのである。いわば興福寺を福原庄の代官としたかたちである。兼良としては、かなり抜け目のないものであった。こののち、兼良は帰京後、幕府と縁故もできると、細川氏と通じてその家来香川新左衛門尉を代官となし、これを興福寺から取り返してしまったようである（『大乗院寺社雑事記』）。こういう点は兼良の勝手気儘といえるものである。

小塩庄の還付

また山城小《お》塩《しお》庄は光明峰寺に寄せたので、一条家は本家ではあるが収益などは得ていなかった。ところが、光明峰寺が兵火にかかり、寺僧すらもいなくなった。将軍家では、この小塩庄を兼良に保証してやるということでその上京を勧めた。兼良の上京によって、幕府は伊勢八郎が横領していたのを取り上げ、兼良に与えている（『大乗院寺社雑事記』）。しかし、福原庄にしても小塩庄にしても、幕府が積極的に力添えした当座は、その収益が若干あがったが、現地の武士の侵略が加わるので、はかばかしい回復とはならなかった。

所領の市や座はなし

なお、一条家には荘園以外の公事銭《くじせん》などを得る商業の「座《ざ》」などはなかった。もっぱら土地収益に頼っていたことで、その窮乏を深めたものといえる。しかし、これは、一条家に限ったことではなく、貴族荘園領主のすべてに通じて見られたところである。「市」や「座」を持った公卿もなかったわけではないが、例外といえるほどのものであった。

新興大名に頼る

兼良は美濃斎藤氏を訪ねたりしたので、新興大名の実力を知ったし、また歓待もうけられるものと信じた。新興大小名が好意を寄せる理由はわからなかったが、その好意を信じていたのである。そのため、荘園回復についても、遂に自ら出馬した。その例が文明十一年の越前下向である（八一ページ参看）。越前には足羽御厨《みくりや》や東郷庄があり、これはかなり有力な荘園であった。これを守護代朝倉氏に横領されていたので、朝倉氏を説得するためであった。歓待とわずかの礼銭は得たが、荘園の回復とはならなかった。このほかでは、土佐幡多庄にその息の教房が下向している。

学芸の伝授で金を得る

応仁の乱によって荘園は崩壊したといってよい。兼良の経済は、それでも荘園からの若干の収益はあった。しかも、兼良には学芸の伝授による収益があったので、窮迫とはいいながら生計も立ったろう。将軍家や有力大名の献金もかなりあった。公卿たちに学芸を伝授するばあいも、もちろん謝礼をうけたろう。

兼良には学芸が身をたすけたし、摂家という家柄もいちおう収益をあげる資となったといえる。公卿は窮困した。地方に流寓《りゅうぐう》した。しかし、摂家などは在京できた。荘園収入などはほとんどなかった。それでも、その生計が維持できたのは、

伝統的権威として仰がる

新興大小名が公家の伝統的権威、それはむしろ文化的権威となっていたが、これ

を仰慕《ぎょうぼ》し、そこで経済的に援助したことである。公家は武力や金力に上廻るものを保有していたのである。それは単に文化あるいは文化力という以上のものであったとさえ感ぜられる。

〔付記〕 一条家子弟の入室する門跡、および一条家の管領する寺院について、『桃花蘂葉』の記事により簡単に説明を加える。

一、家門末子の門跡等に入室する事

常住院　聖護院の管領。一条家子弟が器用あらば入室する。

大乗院　興福寺両門跡の一。当時、兼良の息の尋尊が門主であった。この兼良の附弟《ふてい》(後とり)として二条家から政覚が将軍義政の猶子となって入室しているのは違例だと兼良は述べている。『大乗院日記目録』によっても、大乗院慈信大僧正(実経の息)の置文《おきぶみ》(正中元年四月)に「九条一条各度」と明記され、その例となったといっている。このことは実証できる。

妙香院　青蓮院の管領。鎌倉末期、尊鎮・尊円両法親王の文書により、一条家を家門とすることが確定。

随心院　東寺の門跡。九条道家の弟の教家(弘誓院殿 随心院殿)の創建と思われる。尋尊の弟厳宝もこの門跡に入り、東寺と本末関係にある東大寺別当になったことが知られる。

曼殊院　竹内と号す。北野社別当寺。前門主良什は兼良の甥、当門主良鎮は兼良の息。

実乗院　岡崎と号す。兼良の甥の桓昭、兼良の息桓澄と相続している。

梅津是心院　二条家管領の寺院。大梅和尚門徒の禅宗比丘尼寺《びくにでら》。その椿山大姉《ちんざんだいし》は二条良基の女。兼良の父の一条経嗣も良基の男である。その関係により、一条家からも入室する。当門主は兼良の女。

嵯峨恵林寺　禅宗比丘尼寺。その塔頭《たっちゅう》の禅恵院に一条家から入室するのだが、本寺の寺務もこの院が当る。兼良の姉およびその女が入院している。

光(香)台寺　法華寺門徒の京都の尼寺。

一、家門の管領の寺院の事

報恩院　藤原忠通の建立した法性寺の寺中。九条兼実の創建。なお一七八頁に、関白兼良が大和仲川庄を多武峯に寄進したとき、法成寺公文《くもん》が押妨《おうぼう》していることが示されるが、その法成寺は道長の建立の寺である。あるいは忠通が建立したこの法性寺の公文ではないかとも思われる。
光明峰寺　九条道家の終焉《しゅうえん》の地。本文中に詳述した。
東福寺　五山の一。道家の草創。この寺の住持の入寺は幕府の公帖《こうじょう》によるが、一条家から御教書《みきょうしょ》を副え遣わす例となっていた。
普門寺　東福寺の門徒。十刹《じゅっさつ》の一。東福寺と同様に住持の入寺には御教書を遣わす。しかし、報恩院・光明峰寺・東福寺と本寺との四ヵ寺は、九条家と管領についての相論があった。応永七年六月、将軍義満は一条家が嫡流であるとした九条道家の故例にしたがい、一条家の四ヵ寺の管領を認めた。将軍義持も同二十六年にこれを認めている。
成恩寺　山城(京都府)山崎にある。九条兼実の建立という説もあるが、一条経嗣の山荘であったろう。近世には廃絶した。
円明寺　同じく山崎にあり、円明寺の地名ものこる。一条家経の山荘として創まった。
宝積寺　宝寺と号する。いわゆる山崎宝寺。聖武天皇の勅願寺といわれる。この山麓に茶室で名高い妙喜庵がある。

略年譜

天皇	将軍	年次	西暦	年齢	事項
後小松	義持	応永九	一四〇二	一	誕生
		一五	一四〇八	七	義満死去す
称光		一九	一四一二	一一	元服、正五位下
		二〇	一四一三	一二	従三位（非参議）
		二一	一四一四	一三	正三位、権中納言
		二三	一四一六	一五	正二位、橘氏是定、権大納言
		二八	一四二一	二〇	内大臣
		二九	一四二二	二一	『公事根源』を著作？
	義量	三一	一四二四	二三	右大臣〇前年（三〇年）長男教房生る
		三二	一四二五	二四	従一位
後花園	義教	永享元	一四二九	二八	左大臣
		四	一四三二	三一	将軍義教の聖護院連歌会に参ず〇義教より所領を与えらる〇摂政氏長者、間もなく辞退
		五	一四三三	三二	将軍家北野社法楽一日万句の序を作る〇『諒闇記』を上る

後花園	義教	永享九	一四三七	三六	内覧の宣旨を蒙る○室町第行幸、三船御会の序を作る
		一〇	一四三八	三七	『新続古今集』成る、真仮両序を作る○このころ『歌林良材集』成る
		一一	一四三九	三八	『江家次第』を抄す
		嘉吉元	一四四一	四〇	嘉吉の変、義教殺さる
	義政	文安元	一四四四	四三	『源氏物語』を講義す
		三	一四四六	四五	太政大臣
		四	一四四七	四六	関白、氏長者
		宝徳元	一四四九	四八	『源氏物語和秘抄』成る
		二	一四五〇	四九	太政大臣を辞す○『仙洞御歌合』の跋を作る
		享徳元	一四五二	五一	『連歌新式追加幷今案等』を記す
		二	一四五三	五二	『晴之御鞠記』を作る○関白を辞す。准三宮
		長禄二	一四五八	五七	教房、関白となる○准后を辞す
		寛正元	一四六〇	五九	『伊勢物語愚見抄』成る
		二	一四六一	六〇	『源氏物語』を進講す
		三	一四六二	六一	将軍義政の禁裏連歌御会に列す○大乗院尋尊に『伊勢物語註』を与う
		四	一四六三	六二	『勧修念仏記』成る
		五	一四六四	六三	『智証大師年譜』の序を作る
		六	一四六五	六四	翱之鳳禅の『竹居西遊集』に序を作る

天皇	将軍	年次	西暦	年齢	事項
後土御門	義政	応仁元	一四六七	六六	応仁の乱おこる○関白○九条随心院に避難、その邸焼く○後土御門天皇連歌巻物に点を加う
		二	一四六八	六七	光明峯寺焼く。記録類焼亡○奈良に下向○『筆のすさび』成る? ○教房、土佐へ下向す
		文明元	一四六九	六八	改元の勅答○『月清集』を尋尊に与う ○後花園法皇より帰京を勧めらる ○政房、兵庫で殺さる
		二	一四七〇	六九	北畠氏二百五十番歌合に判詞を加え、跋を書す○摂津福原庄を春日社に寄進す○関白を辞す○美濃に赴かんとして伊勢に入る○冬良、教房の養子となる
		三	一四七一	七〇	後花園院の諡号を上る○一条家記録を大乗院に奉納す○吉野花見○金春禅竹に『申楽後証記』を与う○奈良成就院において『古今集』を談義す
		四	一四七二	七一	大内教弘画像賛を作る○『花鳥余情』成る○東御方、美濃下向
	義尚	五	一四七三	七二	四条隆量に『日本紀』を講義す○尋尊の『弥勒菩薩経』に点を加う○美濃下向(『ふぢ河の記』)○出家して覚恵と号す○『草根集』の序を作る○東御方死去す
		六	一四七四	七三	卜部家本『日本紀』を得て同書を校合す○近衛政家に『日本紀』を講義す
		七	一四七五	七四	『維摩会縁起』を作る
		八	一四七六	七五	長谷寺に詣ず○宗祇に『竹林抄』の序を与う○大内政弘に『伊勢物語愚見抄』『花鳥余情』を与う
		九	一四七七	七六	『源氏秘訣』成る○義政に『禁裏七夕御歌合』の判を求めらる○帰京

後土御門	義尚	文明一〇	一四七八	七七	邸宅を定む○宗祇に『代始和抄』を与う○『江家次第』『古今集』を進講す○将軍家及び日野富子に『源氏物語』を講義す○『二判問答』成る○奈良に遊ぶ
		一一	一四七九	七八	三合厄祈禳和歌を上り、勅答和歌を賜う○冬良の任右大将奏慶の資を得るため越前に下向○『小夜のねざめ』『文明一統記』成る?
		一二	一四八〇	七九	冬良に『桃華蘂葉』を与う○随心院において『孟子』を講義す○将軍義尚に『樵談治要』を贈る○『江家次第』を進講す○教房、土佐に死去す
		一三	一四八一	八〇	千句御会に出仕○蹴鞠会を興行す○死去。東福寺に葬送さる

参考文献

兼良に対する評伝は少ない。もっぱら、兼良の著作物、兼良および兼良時代の文書・記録を採らねばならない。ここには、兼良に関する資料を多く所載するものをえらび、簡単に説明を加えておく。

『大日本史料』（『第八編之十三』）
文明十三年四月二日の条に、兼良の死を掲げ、兼良の伝記資料を収載している。なお、第八編之一から以降、応仁の乱後における兼良の活動を掲記しているから、各巻を調査せねばならない。

『大乗院寺社雑事記』（公刊十二冊）
兼良の息大乗院尋尊大僧正の日記である。兼良は応仁の乱を避けて尋尊のもとに寄寓していたのである。兼良の動静が詳かに知れる。『大日本史料』第八編にはこの日記の裏文書をも含めて詳掲している。
なお、永島福太郎稿「大乗院寺社雑事記について」（日本史研究会編『中世社会の基本構造』昭和三十三年、お茶の水書房発行）は、兼良についても言及している。

福井久蔵著『一条兼良』（日本の思想家叢書）　昭和十八年　厚生閣発行

「兼良の略伝」「学問」「思想」「著作の二三」に篇別して、文芸学者兼良を評論したものである。

中村光稿「室町時代に於ける公卿の学問・思想について—一条兼良を中心として—」（西岡虎之助編『日本思想史の研究』所収） 昭和十一年 章華社発行
「時代的及び家系的背景」、「学問」「日本書紀纂疏と思想」に篇別して兼良を評論してある。論文ではあるが、兼良研究として最もよく纒められたものである。なお同氏には、『日本書紀纂疏』（国民精神文化文献四）の解題（松本彦次郎と共述）がある。

三浦周行稿「一条兼良の政見と法制史上の価値」（国学院雑誌 一〇の四・六） 明治三十七年

三浦周行稿「樵談治要と文明一統記」（『続法制史の研究』所収） 昭和三十三年重版 岩波書店発行

清原貞雄稿「一条兼良」（歴史と地理 二の四） 大正七年

松田武夫「一条兼良と古今和歌集秘抄」（国語と国文学 一一の一一） 昭和九年

芳賀幸四郎著『東山文化の研究』　昭和十七年　河出書房発行
その随所に兼良を論じており、その評価には教えられるところが多い。
永島福太郎著『中世文芸の源流』　昭和二十三年　河原書店発行
第六章「学芸の伝授」のうち、(2)「奈良疎開の一条兼良」として述べた。
永島福太郎著『中世の民衆と文化』（創元歴史選書）　昭和三十一年　大阪創元社発行
東山文化を論じ、一条兼良に言及した。
永島福太郎稿「一条兼良と福原庄」（兵庫史学　一六号）　昭和三十三年
本書の一八五頁以下に述べたものである。
永島福太郎稿「戦国大名と学芸」（歴史教育　七の八）　昭和三十四年
戦国時代の学芸の伝播を述べたもの。本書「兼良論」の付論的意味がある。

なお、兼良の書蹟など、現存しているものがかなり多い。本書に収録し得なかったものや管見に及ばぬものもある。
本書に収載した資料は、東大史料編纂所の厚意によるところが多い。所蔵者諸家に対するとともに、ここに深甚の謝意を表する。

一条家系図

（「摂家系図」〇東京大学史料編纂所所蔵をここに抄出した）

- 兼実 九条殿 月輪殿 後法性寺殿
  - 良経 中御門殿 後京極殿
    - 道家 東山殿 光明峯殿 光明峯寺入道殿
      - 教実 九条殿祖 洞院殿
      - 良実 二条殿祖 普光園院殿
      - 実経 一条殿祖 円明寺殿 父公愛子、摂家数代記録等、悉以与奪之、仍可為嫡家、有勅定云々、
        - 家経 後光明峯寺殿
          - 内実 棲心院
            - 内経 芬陀梨花院
        - 経通 後芬陀梨花院
          - 内嗣 大納言 早世
          - 房経 後棲心院
          - 慈済 妙香院
          - 照厳 随心院
          - 経嗣 成恩寺殿（二条良基の子）
            - 良忠 後弘誓院
              - 良什 竹内 号曼殊院准后、
              - 桓昭 岡崎 為兼良子、
              - 秀明 直志院
            - 祐厳 随心院
            - 雲章 常在光院 南禅寺方丈
            - 東岡 東福寺 大竜寺 （岳）南禅寺方丈、鹿薗院、三会院
            - 良済 真光院法印 池真如院
            - 女子
            - 女子 梅津是心院
            - 兼良 後成恩寺殿
              - 教房 妙花寺殿 母小林寺殿
                - 政房 東光寺殿
                - 尊仁 菩提院
                - 冬良 実舎弟也、
                - 君
              - 尊秀 招提、八幡一乗院 母同
              - 教賢 宝池院 母同
              - 早世

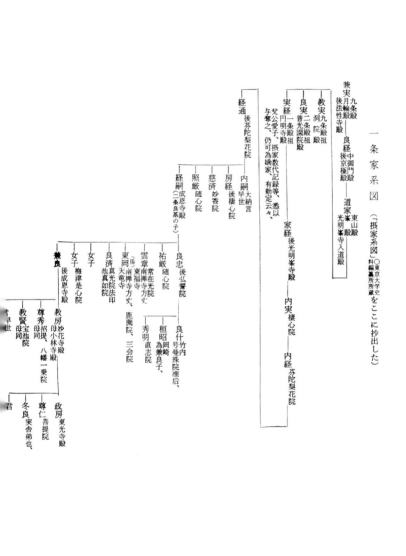

[illegible] 母同

女子 梅津、早世 母同

厳宝 随心院 母同

君 東福寺不二菴、早世 母同

君 早世 母同

君 早世 母同

秀高 嵯峨恵林寺方丈 母同

良鎮 竹内(曼殊院) 母同

桓澄 宝寿院 母同

慈養 直志院 母同

光智 高台寺殿 母屋女房

女子 母同光智

了高 梅津是心院 母小林寺殿

恵助 相応院 母光智同母

秀賢 法花寺殿 母康俊女

女子 鷹司北殿(経子) 母同

女子 十真院尊好 母同

女子 桂林寺殿宗方 母同

君 冬良為教房卿子、 母顕郷女

君 花頂殿政尊 母同

女子 梅津弟子 母同

女子 南御所御弟子 母同

著者略歴

大正元年生れ
昭和九年国学院大学国史学科卒業
東京大学史料編纂所員、関西学院大学教授等を経て
現在　関西学院大学名誉教授、文学博士

主要著書
奈良文化の伝流　中世文芸の源流　奈良　応仁の乱　百人の書蹟　茶道文化論集　春日大社文書〈編〉　熊野那智大社文書〈編〉　天王寺屋茶会記〈編〉

人物叢書　新装版

一条兼良

昭和三十四年　八月三十一日　第一版第一刷発行
昭和六十三年十二月三十日　新装版第一刷発行
平成　八　年　八月二十日　新装版第二刷発行

著　者　永島福太郎《ながしまふくたろう》
編集者　日本歴史学会
代表者　児玉幸多
発行者　吉川圭三
発行所　株式会社　吉川弘文館
東京都文京区本郷七丁目二番八号
郵便番号一一三
電話〇三―三八一三―九一五一〈代表〉
振替口座〇〇一〇〇―五―二四四
印刷＝平文社　製本＝ナショナル製本

『人物叢書』（新装版）刊行のことば

人物叢書は、個人が埋没された歴史書が盛行した時代に、「歴史を動かすものは人間である。個人の伝記が明らかにされないで、歴史の叙述は完全であり得ない」という信念のもとに、専門学者に執筆を依頼し、日本歴史学会が編集し、吉川弘文館が刊行した一大伝記集である。

幸いに読書界の支持を得て、百冊刊行の折には菊池寛賞を授けられる栄誉に浴した。

しかし発行以来すでに四半世紀を経過し、長期品切れ本が増加し、読書界の要望にそい得ない状態にもなったので、この際既刊本の体裁を一新して再編成し、定期的に配本できるような方策をとることにした。既刊本は一八四冊であるが、まだ未刊である重要人物の伝記についても鋭意刊行を進める方針であり、その体裁も新形式をとることとした。

こうして刊行当初の精神に思いを致し、人物叢書を蘇らせようとするのが、今回の企図である。大方のご支援を得ることができれば幸せである。

昭和六十年五月

日本歴史学会

代表者　坂本太郎

〈オンデマンド版〉
一条兼良

人物叢書　新装版

2021年（令和3）10月1日　発行

著　者　永《なが》島《しま》福《ふく》太《た》郎《ろう》
編集者　日本歴史学会
代表者　藤田　覚
発行者　吉川道郎
発行所　株式会社　吉川弘文館
〒113-0033　東京都文京区本郷7丁目2番8号
TEL　03-3813-9151〈代表〉
URL　http://www.yoshikawa-k.co.jp/

印刷・製本　大日本印刷株式会社

永島福太郎（1912～2008）

ISBN978-4-642-75141-4